中南财经政法大学中央高校基本科研业务费优秀青年教师创新团队建设
项目（2722024BY026）研究成果

文泓知识产权文库

职务发明专利权益分享论
规范机理与运行机制

刘　鑫◎著

知识产权出版社
全国百佳图书出版单位
—北京—

图书在版编目（CIP）数据

职务发明专利权益分享论：规范机理与运行机制／刘鑫著．—北京：知识产权出版社，2025.4. —（文泓知识产权文库）．—ISBN 978－7－5130－9646－1

Ⅰ.D923.424

中国国家版本馆 CIP 数据核字第 20243ZZ568 号

责任编辑：刘　睿　邓　莹　刘　江　　　　　责任校对：谷　洋
封面设计：杨杨工作室·张　冀　　　　　　　责任印制：刘译文

职务发明专利权益分享论：规范机理与运行机制

刘　鑫　著

出版发行	知识产权出版社 有限责任公司	网　　址：http：//www.ipph.cn
社　　址：北京市海淀区气象路 50 号院		邮　　编：100081
责编电话：010－82000860 转 8346		责编邮箱：dengying@cnipr.com
发行电话：010－82000860 转 8101/8102		发行传真：010－82000893/82005070/82000270
印　　刷：三河市国英印务有限公司		经　　销：新华书店、各大网上书店及相关专业书店
开　　本：720mm×1000mm　1/16		印　　张：14
版　　次：2025 年 4 月第 1 版		印　　次：2025 年 4 月第 1 次印刷
字　　数：220 千字		定　　价：88.00 元

ISBN 978－7－5130－9646－1

总　序

　　数十载，筚路蓝缕，数十载，栉风沐雨，中南知识产权在科技现代化与经济全球化的时代洪流中砥砺前行，不断成长。在创新驱动发展的国家战略引领下，中南知识产权始终坚持问题导向，辛勤耕耘、励精图治，并以理论创新回应实践诉求，回馈社会需要。至今，已有数以千计的中南知识产权学人从文泓楼走出，走向各行各业，走到大江南北，积极投身于知识产权学术研究与实务工作，为我国知识产权事业发展作出卓越贡献。

　　纵观中南知识产权的发展历程，从1988年成立的中南政法学院知识产权教学与研究中心，到2000年更名为中南财经政法大学知识产权研究中心，后至2004年被教育部评定为"教育部人文社会科学重点研究基地"，再到国家保护知识产权工作研究基地、教育部和国家外专局"新时代科技革命与知识产权学科创新引智基地"、最高人民法院"人民法院知识产权司法保护理论研究基地"、国家知识产权局"国家知识产权战略实施研究基地""国家知识产权培训（湖北）基地"、中宣部国家版权局"国际版权研究基地"、文化和旅游部"文化和旅游研究基地"等一系列国家基地的相继挂牌，中南知识产权的成长几乎贯穿了我国知识产权理论和实践从移植、引进到自立、创新的全过程。经过长期积累，中南知识产权的学术成果也屡见丰硕。"文泓知识产权文库"这套丛书的编辑出版，便是要逐步展示中南知识产权的学术积累，回应中国知识产权制度变革中的理论难题与实践挑战。

　　三十余年来，在中南知识产权学人的不懈努力下，中南财经政法大学知识产权研究中心已然成为中国一流的知识产权学术研究机构。从第一本知识产权本科生教材、第一篇知识产权全国优秀博士论文到第一门知识产权国家级精品课程、第一个知识产权国家级教学团队、第一个知识产权国家级精品资源共享课，再到第一个知识产权教育部人文社科重点研究基地、第一个知识产权学科创新引智基地，中南知识产权取得可喜的成绩。而在这无数个"第一"的背后，则凝聚着一代又一代中南知识产权学人的辛勤付出。前辈们开拓创新的学术理念、求真务实的工作精神，时刻地感召着新一辈中南知识产权学人，师承熠熠生辉的学术思想，坚韧不拔，守正创新。此次，中南财经政法大学知识产权研究中心推出这套"文泓知识产权文库"，既要推出名家精品，更要推出新人新作，以全面展现中南知识产权的研究成果，并使更多学者和学子能够更加深入地了解中南知识产权。相信在中南知识产权学人的共同努力下，文库将成为知识产权学术思想交流的重要平台，成为知识产权学术理念传播的关键媒介，并为我国知识产权理论创新与实践探索提供支持与助力。

在新时期知识产权强国建设的新征程上，中南知识产权学人定当一如既往、踔厉奋发，在知识产权自主学科体系下，发出知识产权新质生产力的中南声音，续写中南知识产权学人的光荣与梦想。

是为序。

二〇二四年七月一日

目 录

绪　言

职务发明是技术研发不断复杂化和社会分工日益细致化的产物。智力投入和物质投入主体的分离是职务发明创造的本质特征，也是设立职务发明专利权益分享制度的现实基础。具体说来，在职务发明之中凝结了发明人、设计人的智力投入和单位的物质投入，单位与发明人、设计人均为职务发明成果的产生作出了巨大的贡献，双方关于职务发明专利权及相关财产权利归属的争议由此产生，构建合理配置单位与发明人、设计人权利的法律规则的诉求也由此凸显。职务发明专利权益分享制度作为在单位与发明人、设计人之间配置专利权等相关财产权利的一种重要法律规范，具有激励创新热情、促进科技进步、推动经济发展的功能，是实现职务发明高效研发的制度保障。然而，在实践中，基于历史、经济、政策等相关因素的制约，职务发明专利权益分享制度往往不能发挥其应有的效果。

在当今世界，职务发明专利权益分享制度大体可以分为以美国、德国、日本为代表的"雇员优先"模式和以英国、法国为代表的"雇主优先"模式两种类型。无论是哪一种模式，都是以鼓励科技创新、促进经济发展为制度宗旨的，我国的职务发明专利权益分享制度也不例外。随着1984年《中华人民共和国专利法》（以下简称《专利法》）的出台，我国的职务发明专利权益分享制度也由此发轫。在之后1992年、2000年、2008年、2020年《专利法》的四次修改过程中，职务发明专利权益分享制度也在不断地为充分激发单位与发明人、设计人的创新动力并实现双方的利益平衡而完善。法的一切效力都是当时历史的总体状况的产物和缩影。[①] 历次《专利法》修正过程中，

---

① 魏德士. 法理学 ［M］. 丁晓春，吴越，译. 北京：法律出版社，2013：275.

职务发明专利权益分享制度的每一次完善都是一定时期的社会经济发展的需要和反映。

职务发明专利权益分享制度作为在单位与发明人、设计人之间配置职务发明创造财产权利的法律规则，实现单位与发明人、设计人之间的利益平衡是其制度设计与运行中所秉持的基本准则。质言之，也正是在职务发明创造的研发过程中存在单位与发明人、设计人之间相互的专利法律关系、劳动法律关系及合同法律关系等多重复杂的法律关系，使职务发明专利权益分享制度的构建显得尤为重要。法律关系的复杂性则进一步引发了保护发明人、设计人权益与维护雇主权益之间的价值衡量。鼓励职务发明创造的研发投入可以为消费者提供更多的选择，而科学家、研究推进者以及政策制定者面对着诸多方面的问题[1]：从理论基础层面来说，表现为自然权利论与创新激励论的博弈；从制度效用层面来说，则表现为交换正义和分配正义的争论；从政策导向层面来说，表现为重雇员主义和厚雇主主义的抉择。

法国著名法学家孟德斯鸠在其著作《论法的精神》中言道："法律既能让风俗变得更好，也会使淳朴的风俗变得更坏。"[2] 职务发明专利权益分享制度作为在单位与发明人、设计人之间配置职务发明创造财产权利的法律规则，也同样可以产生积极效果和负面效应，具言之，科学合理的职务发明专利权益分享制度可以激励创新，推动科技进步和经济发展；而不科学或者不合理的职务发明专利权益分享制度则会产生抑制技术创新的反作用。因此，在职务发明专利权益分享制度的构建和完善的过程中，必须充分考量单位与发明人、设计人之间的利益冲突，并立足本土需要，以当前的科学技术创新能力和经济社会发展水平为依据，设立科学合理的职务发明专利权益分享制度，即根据创新主体和行业的不同，采用差异化的职务发明专利权益分享制度立法；根据不同研发管理模式、合作机制以及基础劳动关系，对职务发明专利权益分享制度的应用进行适应性的法律解释；根据单位与发明人、设计人以

---

① SINGH R P, TOMAR V S. Intellectual Property Rights and Their Importance in Research, Business and Industry [M]. New delhi: Daya Publishing House, 2014: 49.

② 孟德斯鸠. 论法的精神 [M]. 袁岳，译. 北京：中国长安出版社，2010：129.

及其他利益相关人的诉求，建构多元化的职务发明专利权归属纠纷解决机制，保证职务发明专利权益分享制度的有序运行。

职务发明专利权益分享制度的及时构建和适时完善，通过协调单位与发明人、设计人之间的利益冲突，有效地激励科技创新，促进经济发展，符合新形势下我国创新驱动发展的现实需要和建立经济发展新常态的客观要求，实现我国发明创造从"多"到"优"、从"大"到"强"的转变，最终实现知识产权领域从"被动"到"主动"到根本转变，从而推进知识产权强国建设进程。①

---

① 申长雨. 迈向知识产权强国之路：知识产权强国建设基本问题研究（第 1 辑）［M］. 北京：知识产权出版社，2016：17.

第一章

导论：职务发明专利权益
分享问题研究的理路与方法

　　科技创新是人类社会发展进步的不竭动力，倘若先进的科学技术没有被研发与运用，人类的未来将一片黑暗并且危机四伏。[①] 在当今科学技术研究开发高投入和高风险的时代背景下，科技成果的个人研发已经成为过去，拥有雄厚资本的团体变成了科技创新的主体和科技成果转化运用的核心力量。正如郑成思先生在论及职务发明成果的专利权属时所云："现代社会，尤其是在发达国家，人们在技术贸易活动中很少遇见某某个人的专利权，倒是经常遇上某公司、某企业或某研究所的专利权，这是因为现代的技术发明的创造往往离不开发明人的工作单位所提供的人力、物力和财力条件，还因为发明人自己往往负担不了从请专利代理人到申请专利及维持专利有效的巨大及长期的开支。"[②] 因而，在科技创新活动中，实现发明人、设计人与单位之间对于职务发明专利权益的合理分享也就显得尤为重要与关键。事实上，职务发明制度也正是通过合理配置发明人、设计人与单位的权利来激发职务发明创造积极性和实现职务发明利益最大化，即以发明人、设计人与单位合理权

---

　　① STRAUS J. Bargaining Around the TRIPS Agreement：The Case for Ongoing Public – private Initiative to Facilitate Worldwide Intellectual Property Transactions［J］. Duke Journal of Comparative & International Law，1998，9（1）：91.

　　② 郑成思. 知识产权论［M］. 3版. 北京：法律出版社，2007：99.

益分享背后之发明收益的公平分配来激励双方的技术创新活力。① 然而，在实践中，职务发明的权益分享往往难以做到发明人、设计人与单位之间的利益平衡，进而造成其中一方创新活力的不足，影响技术的发展与进步。② 为此，笔者以"职务发明专利权益分享"为研究对象，力图阐明职务发明专利权益分享的规范机理与运行机制，并从职务发明专利权益分享的现状与问题着手，通过立法价值的疏解及具体规范的比较，探究职务发明专利权益分享制度的优化路径与完善举措。

一、研究动因：职务发明专利权益分享的规范目的与宗旨

职务发明专利权益分享制度是实现发明人、设计人与单位之间职务发明专利权益有效配置的重要法律规范，直接决定了发明人或设计人的研发活力、单位的投资热情以及职务发明专利的转化运用效果。目前，职务发明已成为科技创新的主流，并在经济社会发展中发挥着越来越重要的作用。然而，在实践中，职务发明专利权益分享制度往往并不能按照既定的方式运行。在经济利益的驱动下，无论是发明人、设计人还是单位都会努力争取对自己有利的权益分享模式。其中，发明人或设计人在职务发明专利权益分享中的"自益倾向"常常会导致职务发明专利的非职务化，造成单位职务发明专利流失；而单位在职务发明专利权益分享中主导性的"强权主义"则往往会带来发明人或设计人合法权益的减损。③ 虽说理想状况下职务发明专利权益分享的绝对公平是不可能实现的，权益分享的天平总是会存在一定的偏差，抑或偏向发明人、设计人，抑或偏向单位，但这一偏差应当是在合理范围内的。倘若职务发明专利的权益分享偏差超过了应有的限度，势必会造成权益分享的公正有失，进而抑制发明人、设计人或者单位对于创新的热情与活力，影响职务发明专利的充分转化与高效运用，甚至诱发职务发明专利权益分享的

---

① MERGES R P, MENELL P S, LEMLEY M A. Intellectual Property in the New Technological Age [M]. 6th edt. New York: Wolters Kluwer Law & Business, 2012: 131 – 132.

② 刘鑫. 职务发明权利归属的立法变革与制度安排：兼评《专利法修订草案（送审稿）》第6条 [J]. 法学杂志, 2018 (2): 132 – 140.

③ 刘鑫. 我国职务发明权利归属机制的产生与变革 [J]. 中国发明与专利, 2017 (11): 22 – 24.

权属争议与利益纠葛。

有鉴于此，有必要从职务发明成果研究开发过程中发明人、设计人与单位之间的基本利益关联与基础法律关系出发，并结合不同实践场景中的复杂情形，展开职务发明专利权益分享制度的建构与完善。而之所以在这一法律机制的设计与优化过程中须对前述事项给予充分的关注，则是由职务发明专利权益分享制度的本质效用与设立宗旨所决定的，合理且高效的职务发明专利权益分享制度不仅是激发职务发明研发主体创造热情的关键，同时也是推进职务发明转化运用以及化解职务发明专利权益分享纠纷的保证。由此，笔者也将从以下三个方面对职务发明专利权益分享制度的效用与宗旨展开进一步的分析与阐释。

首先，职务发明专利权益分享制度是激励各方主体协力创新的法律支持。在职务发明自身生命周期的每一个阶段，无论是研发、生产，还是销售，发明人、设计人与单位都需要花费大量的时间和金钱，因而对于发明人、设计人与单位来说，科技创新不仅是一个艰难的历程，更是一个巨大的风险。[1]由此可见，只有在发明人、设计人与单位之间进行科学合理的权益配置，才能充分激发各方主体进行科技创新活动的积极性。

其次，职务发明专利权益分享制度是实现相关职务发明专利充分转化与高效运用的法律助力。科技成果的转化运用是职务发明专利权益分享制度设立的根本目的所在，正如世界知识产权组织前总干事卡米尔·伊德里斯所说，"一项发明只有变得可具体实施并在市场推销时，它才具有经济价值"[2]。在职务发明的研发与应用过程中，只有明确职务发明专利的产权归属与利益分配，才能确保其高效地被转化运用，从而实现其应有的经济效益。

最后，职务发明专利权益分享制度是化解职务发明专利权益分享纠纷的法律保障。职务发明专利的研发与应用过程中，发明人、设计人与单位之间

---

① DRTLER J. Incentives for People: The Forgotten Purpose of the Patent System [J]. Harvard Journal on Legislation, 1979, 16 (1): 129 –210.

② 伊德里斯. 知识产权：推动经济增长的有力工具 [M]. 曾燕妮，译. 北京：知识产权出版社，2008：17.

一直存在争夺涉及职务发明专利权益分享的紧张关系。① 在实践中，这一紧张关系集中表现为发明人、设计人与单位之间就职务发明专利的权属争议与利益纠葛，而权益分享上的不明确性势必会严重影响发明人、设计人与单位的创新活力，制约职务发明专利转化运用工作的有效进行。

二、研究进路：职务发明专利权益分享的差异化法律适用

权益分享是职务发明专利生成创造与转化运用过程中的根本问题。如若不能对其展开科学合理的机制设计，势必会阻滞职务发明专利的运营发展。在实践中，职务发明专利权益分享制度在企业、高校等不同应用场景之中，以及机械、制药等不同产业运营环节之中会呈现出不同层面的创新阻滞问题。对此，最好的应对举措是，依据类型化分析思路将不同场景及不同产业中职务发明权益分享状况分类探究，并从民事财产权益分配的实质正义与程序正义理论出发，对不同应用场景及不同技术产业中职务发明专利权益分享制度的创新激励诉求进行分别探讨，寻求制度优化与完善的最佳进路。

在此基础上，进一步从职务发明专利权益分享制度运行的现实状况来看，单位投资主体的性质差异事实上是造成制度场景化运行困境的根本诱因之所在。由此，在职务发明专利权益分享制度的场景化类分设置中，无疑也应以投资主体的性质为标准，进行差异化的规则设计，在以企业为代表私立机构和以高校为代表的公立机构中实行不同的职务发明专利权益配置方案，并据此构建起契合科技创新诉求与产业发展需要的法律机制，以及最大程度激励社会创新活力的制度运行框架。② 制度运行效果的产业差异则是由技术本身的特征与运营需求所决定的。因此，在职务发明专利权益分享制度的产业化类分设置中，势必需要结合不同产业的不同特征、不同需求来进行规范解释，从而在职务发明专利权益分享规则统一适用于所有产业的前提下，形成契合

---

① HOWELL P A. Whose Invention is it Anyway - Employee Invention - Assignment Agreements and Their Limits [J]. Washington Journal of Law, Technology & Arts, 2012, 8 (2): 79.

② 刘鑫. 职务发明权利归属的差异化规则设计：基于投资主体的区别对待 [J]. 中国发明与专利，2018 (9): 21-25.

不同产业发展目标与运营诉求的专利权益配置模式。①

有鉴于此，为高效推进职务发明专利权益分享制度的场景化适用，有必要在职务发明专利权益分享制度的一般性规范设置基础上，结合不同的应用场景与不同产业背景，立足民事财产权益分配理念，剖析"创新激励"的法律内核，提出有针对性的职务发明专利权益分享策略，并在充分归纳总结制度实践经验的基础上形成系统化的差异规范设置。法律规范所强调的平等原则并不是要否决一切差别待遇，它只是要求差别待遇是公平的、经过论证的、有足够理由的，并且在程度上是适当的。因此，可以说，平等是正视、容忍不平等的平等。② 其中，职务发明专利权益分享制度的区分应用场景差异化设计，并不意味着对某些投资主体的歧视，而是在充分分析不同投资主体所启动的职务发明特性的基础上，对职务发明专利权益分享制度的细化，即对不同主体资助的职务发明实行不同的权利配置规则，以实现职务发明专利权益分享的实质平等；而职务发明专利权益分享制度的划分产业背景差异化设计，也同样不会造成职务发明专利权益分享有失公平的问题，其只是在一般性职务发明专利权益分享规则的基础上，针对不同产业的不同发展目标与运营诉求所进行的不超过法律规范预测可能性的一种具体适用。

除此之外，还需要特别予以关注的是，在职务发明专利权益分享制度运行实践中，还会面临新兴发明管理模式产生（如"中央集权"式的发明管理模式）所引起的职务发明专利权益分享不公平、职务发明创造研发协同性加强（如多单位合作研发的情形）所造成的职务发明专利权益分享不明确、特殊劳动关系（如劳务派遣法律关系）所带来的职务发明专利权益分享不均衡等特殊问题，须以调整性、适应性的法律解释与制度调试加以应对，从而实现职务发明专利权益分享制度的有序运转。③

---

① AREZZO E，GHIDINI G. Biotechnology and Software Patent Law［M］. Cheltenham：Edward Elgar Publishing Limited，2011：9 - 10.

② 韦之. 知识产权论（第二卷）［M］. 北京：知识产权出版社，2014：210.

③ 刘鑫. 合作研发关系中的职务发明权利归属问题研究［J］. 科技与法律，2017（6）：32 - 38；刘鑫. 论劳务派遣中职务发明的权利归属和利益分配 专利法和劳动法双重视角的探析［J］. 电子知识产权，2015（7）：39 - 44.

三、研究框架：职务发明专利权益分享的制度解构与优化

本书围绕职务发明权益分享这一主题，以实证调研为基础，以理论建构为支撑，以务求实效为目标，运用"提出问题—分析问题—解决问题"的研究范式作为基本范式，从理论维度分析归纳总结职务发明权益分享制度应当追求的目标，从宏观角度把握职务发明权益分享制度的国际立法和实施进展，从实践维度分析我国实践中存在的问题，并有针对性地优化职务发明权益分享法律机制的实践运用。具体研究框架如图1-1所示。

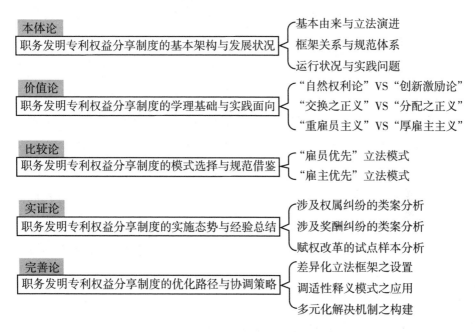

图1-1　职务发明专利权益分享制度研究框架

本书本体论部分就职务发明专利权益分享制度现实运行过程中的立法争议进行讨论。首先，通过对职务发明专利权益分享制度的历史回溯，明确现存立法争议的历史缘由；其次，通过对职务发明专利权益分享制度的制度解构，剖析当前立法争议的具体来源；最后，通过对职务发明专利权益分享制度的实践衡量，探究当前立法争议存在的深层原因。

本书价值论部分从理论层面对职务发明专利权益分享制度运行过程中的

利益冲突展开分析。首先，从理论学说的分歧角度，分析职务发明专利权益分享制度中"自然权利论"与"创新激励论"的冲突；其次，从制度效用的分辨角度，分析职务发明专利权益分享制度中"交换正义"与"分配正义"的冲突；最后，从政策导向的分异角度，分析职务发明专利权益分享制度中"重雇员主义"与"厚雇主主义"的冲突。

本书比较论部分从规范层面对典型国家的职务发明专利权益分享制度的运行状况进行梳理。在当今世界，职务发明专利权益分享制度大体可以分为以美国、德国、日本为代表的"雇员优先"模式和以英国、法国为代表的"雇主优先"模式，各个国家的相关经验可以为我国职务发明专利权益分享制度的构建与完善提供启发与借鉴。

本书实证论部分从实践层面对我国司法实践中职务发明专利权益分享实践中涉及的权属纠纷与奖酬纠纷展开类案疏解，并结合当前职务发明赋权改革政策实施中的试点样本，对其进行促进专利权益分享的实效评述，力图全面呈现我国职务发明专利权益分享制度的实施态势，从中归纳总结制度运行的经验与教训，进而为后续的制度完善与规则优化提供行之有效的实践参考。

本书完善论部分就职务发明专利权益分享制度现实运行过程中存在的问题提出完善措施。首先，针对不同应用场景中职务发明在性质上的区别，以及不同行业中职务发明研发过程的差别，提出差异化立法的完善措施；其次，针对发明研发管理模式、合作研发模式、基础劳动关系的革新与发展，提出调适性释义的完善措施；最后，针对我国职务发明权益分享纠纷频发，但现实中纠纷解决机制单一的问题，提出多元化规制的完善措施。

第二章

本体论：职务发明专利权益分享制度的基本架构与发展状况

职务发明，顾名思义，是指发明人或设计人执行单位职务或主要利用单位物质技术条件所研究开发出的发明创造。从广义的概念范畴来看，职务发明并不仅仅局限于专利法律规范中所设置的职务发明创造，包括发明、实用新型、外观设计、集成电路布图设计、植物新品种等所有领域的发明创造都可以被纳入职务发明的范畴。相应地，职务发明权益分享制度的调整范畴则同样涉及发明人、设计人与单位之间对于发明创造专利权、集成电路布图设计权、植物新品种权等相关财产权益的归属与分配。然而，在实践中，由于专利法律规范的专门制度设定，职务发明往往以其狭义的概念范畴而存在，并不涵盖集成电路布图设计、植物新品种等专利法律规范之外的客体范畴。在此基础上，相关的法律法规也比照专利法律规范中职务发明的制度安排，形成诸如"职务布图""职务育种"等规则设计，但在具体的权利配置与利益分配层面，事实上与专利法律框架下的职务发明制度并无二致。由此，为廓清研究的对象与范畴，笔者将从狭义职务发明概念出发，专注于职务发明专利权益分享问题的分析与讨论，并通过对相关专利法律规范演进历程、框架体系与实施状况的归纳与纾解，概览职务发明专利权益分享制度的基本架构与发展状况，从而为后续对职务发明专利权益分享制度完善与优化策略的深入探究奠定基础。

第一节　职务发明专利权益分享制度的
基本由来与立法演进

职务发明是技术研发不断复杂化和社会分工日益细致化的产物。智力投入和物质投入主体的分离是职务发明创造的本质特征，也是设立职务发明专利权益分享制度的现实基础。从发明创造活动的基础运行规律来看，每一项全新的发明成果无疑都是发明人个人智慧的凝聚与创造天赋的标榜，为此，人们也理所当然地将发明人作为发明成果的原始所有者。[①] 但随着发明创造复杂性的不断提升，发明人在创新活动的地位有所下降，发明成果的产出不再仅仅依靠发明人的智力投入，而更多地仰仗于发明过程的管理协调、机器配合等相关外在物质条件。也正是基于这个原因，发明创造活动呈现职务化的趋势，相应地，单位与发明人、设计人之间关于谁是职务发明最符合法律规定且最适应道德要求之所有者的争议便随之诱发，并在技术研发的协同化进程中愈演愈烈。[②]

在我国，从洪仁玕在《资政新篇》中最早提出要建立专利制度的思想、洋务运动中设立"官督商办"企业的 10 年专利权、维新变法中第一部专利法规《振兴工艺给奖章程》的诞生，[③] 到 1912 年北洋政府颁布《奖励工艺品暂行章程》、1944 年南京国民政府颁布《中华民国专利法》，再到 1984 年《中华人民共和国专利法》（以下简称《专利法》）表决通过，专利制度实现了"从无到有，从有到优"的历史变革。[④] 而关于职务发明制度的明文规定

---

① AOKI K. Authors, Inventors and Trademark Owners: Private Intellectual Property and the Public Domain – Part II [J]. Columbia – VLA Journal of Law & the Arts, 1993, 18 (4): 213 – 218.

② HANNAH D R. Who Owns Ideas? An Investigation of Employees' Beliefs about the legal Ownership of Ideas [J]. Creativity & Innovation Management, 2004, 13 (4): 216 – 230.

③ 徐海燕. 中国近代专利制度研究（1859—1949）[M]. 北京：知识产权出版社，2010：74.

④ 刘鑫. 我国职务发明权利归属机制的产生与变革 [J]. 中国发明与专利，2017 (11): 19 – 27；付丽霞. 美国专利制度演进的历史梳理与经验借鉴 [J]. 中国发明与专利，2018 (10): 28 – 34.

则最早出现在 1984《专利法》之中，在之前的立法文件中都未明文涉及职务发明的相关内容。因此，我国职务发明专利权益分享的立法进程探究应以 1984 年《专利法》为起点，结合《专利法》1992 年第一次修正、2000 年第二次修正、2008 年第三次修正以及 2020 年第四次修正的具体情况来进行深入的探索和分析。

一、职务发明专利权益分享制度的生成背景及其发展脉络

在发明创造活动中，发明人是直接接触科技前沿并展开技术创新的主体，他们的决策和行为在技术进化中具有基础性选择作用，不仅实现了新兴发明成果的不断涌现，推进了科学技术的更新迭代，也在代际累积的知识选择中深刻地影响了技术发展的历史进程。[①] 回顾过去几百年来的技术变迁与社会变革，可以发现，处于发明创造活动第一线的发明人在不同的技术背景及社会生产模式下扮演着不同的角色。从最初主导创新的独立发明人到后来包含职务发明在内的合作分工关系中的团体发明人，发明创造活动中发明人对于科技成果的贡献程度与影响方式无疑也会随之改变。之所以会发生这一转变，究其根本而言，是由科学技术的发展与变革所诱致。19 世纪末 20 世纪初，以电气技术为驱动的科技革命极大地推动了社会生产力的发展，社会合作分工日益细化，发明创造活动往往由公司企业、科研机构所主导，发明人也因此呈现团体化的特征。[②] 为此，有必要通过对发明人地位转变情况的阐释，厘清发明人地位转变的科技诱致因素，并从中梳理出职务发明专利权益分享制度生成与发展的基本脉络。

（一）社会分工精细化催生职务发明的权益分享问题

社会生产的合作分工源自人类自身有限的认知能力，每一个个体所拥有的知识大都是专属于其生活和工作地点的高度专业化的内容，因而，在日益

[①]　杨中楷，徐梦真，韩爽. 论发明人的"个体选择" [J]. 科学学研究，2014 (8)：1144 - 1146.

[②]　吴红. 二十世纪以来发明人群体变化研究 [J]. 自然辩证法研究，2018 (9)：15 - 20.

复杂的社会生产活动中便产生了专业化生产者之间的劳动分工。① 在发明这一社会现象中，发明人也并不是孤立的，相关成果往往是在团队性的互相支持下完成的。② 尤其是在技术创新复杂程度不断提升的情况下，一项发明成果的创造也不再是某一个或某几个发明人能独立完成的，而需要在实力雄厚企业或者研究机构的物质支持下由不同知识背景与研究领域的发明人团体分工合作完成创新，与此同时，之前独立进行发明创造的发明人也逐步演变为企业或者研究机构所雇用的劳动者，而这些企业或者研究机构则开始取代发明人，成为职务发明创造的产权人。在实践中，随着社会分工的日益细化、发明创造的日趋复杂，由雇员发明人团体分工合作展开的职务发明成果日渐成为发明创造活动的主流。根据学者对美国专利申请统计数据的梳理，可以发现，20 世纪以来，由团体发明人合作分工研发的职务发明专利申请比例不断上升，到 20 世纪中后期已占据绝对多数。③ 事实上，我国也存在类似的情况，职务发明在国内专利申请中占到七成以上，虽然现代意义专利制度是在我国改革开放以后才逐步建立的，但经济社会的飞速发展也使我国科技创新活动合作分工的要求日渐增强，并呈现发明人团体化的发展趋势。发明人由个体独立工作到团体合作分工这一结构性转变，是社会生产力进步所带来的必然结果，但是，必须格外注意的是，随着发明创造合作分工的不断细化，发明创造活动的推进模式和方向会逐渐由企业、研究机构等物质条件提供者所主导，而作为发明活动直接参加者的个体发明人则往往被限制在某个固定的研发环节或模块，沦为技术"流水线"上的发明"工人"，难以充分发挥自身的创造才智。

（二）科技创新协同化加剧职务发明的权益分享问题

之所以在人类发明演进历程中，发明人的地位会呈现团体化的发展趋势，

① 柯武刚，史漫飞，贝彼得. 制度经济学：财产、竞争、政策 [M]. 2 版. 柏克，韩朝华，译. 北京：商务印书馆，2018：58 - 59.

② LEMLEY M A. The Myth of the Sole Inventor [J]. Michigan Law Review, 2012, 110 (5)：744 - 746.

③ NICHOLAS T. The Role of Independent Invention in U. S. Technological Development, 1880—1930 [J]. The Journal of Economic History, 2010, 70 (1)：57 - 82.

究其根本而言，是由科学技术飞速发展而带来的创新模式转变所致。在人类社会现代化进程持续推进的过程中，科技的进步不仅深刻地改变着人们的生产生活，也影响着人们进行发明创造的行为方式。① 事实上，社会分工精细化对于职务发明的权益分享问题的催生，便是科技创新协调化运行的直接结果。现代科技创新活动复杂性的不断提升，致使发明创造不再是某一个特定发明人的专属任务，而是遍及整个产业的发明人团体内部的各个发明人内在演化动力与外部环境的相互交织与影响的一种合作性的协同创新的过程。② 之所以会出现这样的局面，是因为在相对复杂的技术难题的面前，发明人个人的能力往往也是有限的，因而也就需要多个发明人相互协作、相互配合，共同攻克难题并形成新的发明成果。而且，发明人之间的这种合作并不是源于上级的权威迫使，也不是对某种权威的盲目追随，而是因为他们自身认识到，只有基于这种自愿的合作，每一个参与技术研发的主体才能实现自己的目标。③ 不仅如此，随着人类社会生产力的不断提升，现代科学技术的发展越来越具有"制造"的意味，越来越依赖技术、设施、装备等实验条件，越来越仰仗强大的资本投入和经济后盾，④ 而发明人个体在产业化运营的科技创新活动中的地位则急剧下降，他们既不能自己独立完成发明创造，也不能自己独立使用发明创造。⑤ 尤其是在当下高投入、高风险的新兴技术研发中，科技创新活动的开展不仅需要广泛的原始资源收集、多学科的专家参与，更需要大量的资金、设备投入作为保障，而所有这些都远远超出个体发明人的能力，因而，相关的技术研发也往往大多由实力雄厚的科研机构或公司、企

---

① BERDICHEVSKY D，NEUENSCHWANDER E. Toward an Ethics of Persuasive Technology [J]. Communications of the Acm, 1999, 42 (5): 51 -58.

② 陈芳，眭纪刚. 新兴产业协同创新与演化研究：新能源汽车为例 [J]. 科研管理, 2015 (2): 27 -39.

③ 单继刚，甘绍平，容敏德. 应用伦理：经济、科技与文化 [M]. 北京：人民出版社, 2008: 103 -104.

④ 劳斯. 知识与权力：走向科学的政治哲学 [M]. 盛晓明，邱慧，孟强译. 北京：北京大学出版社, 2004: 18 -23.

⑤ LEMLEY M A. Reconceiving Patents in the Age of Venture Capital [J]. Journal of Small and Emerging Business Law, 2000, 4 (1): 139.

业所主导，而发明人则往往成为其中的雇员，并在科研机构或公司、企业的强大物质技术条件支持下，依据科研机构或公司、企业的工作任务，分工合作完成技术成果的研究与开发。① 在此基础上，科技创新的协同化进程的持续推进，则会进一步使发明人之间的分工合作不再局限于某个科研机构或公司、企业之中，并呈现跨单位合作研发的发展趋势，即隶属不同领域、不同单位的众多发明人，以市场主体间的广泛合作为基础，协同互动、共享知识，共同攻克技术难题，进而创造全新的技术成果。②

二、职务发明专利权益分享制度的本土立法及其沿革历程

根据我国《专利法》（以下简称《专利法》）的规定，职务发明的专利权益分享问题涉及"专利权属"和"奖励报酬"两个条款的内容。从我国的历次《专利法》修改情形来看，1992 年《专利法》与 1984 年《专利法》关于职务发明制度规定完全相同，2008 年《专利法》与 2000 年《专利法》关于职务发明制度规定完全相同，由此，可以说，我国职务发明制度仅在 2000 年《专利法》第二次修改和 2020 年第四次《专利法》修改过程之中，作出了一定修改与完善。进言之，我国职务发明专利权益分享制度的立法演变大体可以分为三个阶段，即 1984 年《专利法》与 1992 年《专利法》之起步阶段，2000 年《专利法》与 2008 年《专利法》之发展阶段，2020 年《专利法》和正在制定过程中的"职务发明条例"则为完善阶段。

（一）我国职务发明专利权益分享制度的立法起步阶段

在 1984 年《专利法》与 1992 年《专利法》对于职务发明专利权益分享问题的起步阶段立法进程中，我国对职务发明的概念和权属等一系列基本问题予以规范，勾勒出职务发明制度的基本架构，虽然存在概念设计上不周延和制度构建不完善等诸多问题，但是，在我国职务发明制度的整个立法进程

---

① KAMPRATH R A. Patent Reversion: An Employee - Inventor's Second Bite at the Apple [J]. Chicago - Kent Journal of Intellectual Property, 2012, 11 (2): 186 - 213.

② 刘鑫. 合作研发关系中的职务发明权利归属问题研究 [J]. 科技与法律, 2017 (6): 32 - 38.

中，这一阶段的立法是制度从无到有的初始建构阶段，形成我国职务发明制度的专利权益分享模式。具体而言，我国 1984 年《专利法》及 1992 年《专利法》对于职务发明的专利权归属问题，所采用的是"职务发明创造直接归属于单位"的制度设计，很多学者认为这里的立法模式类似于美国法上"受雇完成作品"（work – for – hire）的制度模式，即单位而非发明人有权取得职务发明的专利权。① 在这一立法阶段中，我国职务发明专利权归属的具体类型与判断路径如图 2 – 1 所示。

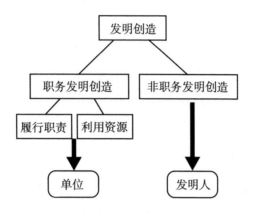

图 2 – 1　起步阶段我国职务发明专利权归属模式

根据 1984 年《专利法》与 1992 年《专利法》的相关规定，发明创造从专利权归属的角度来看可以分成两种类型，即职务发明创造和非职务发明创造。② 其中，职务发明创造又可以分为"履行单位职责所完成的发明创造"和"利用单位资源所完成的发明创造"两种类型。③ 然而，无论是"履行职责"之职务发明创造，还是"利用资源"之职务发明创造，其申请专利的权利归属于发明人所在的单位，发明人仅享有署名权以及获得奖励的权利。④ 此外，非职务发明创造则是指发明人自主完成的不属于职务发明创造范畴的

---

① 金海军. 知识产权实证分析［I］：创新、司法与公众意识［M］. 北京：知识产权出版社，2015：30 – 33.

② 尹新天. 中国专利法详解［M］. 北京：知识产权出版社，2012：52.

③ 参见《中华人民共和国专利法》（1984）第 6 条第 1 款之规定。

④ 参见《中华人民共和国专利法》（1984）第 16 条、第 17 条之规定。

发明创造，其财产专利权归属于发明人。

（二）我国职务发明专利权益分享制度的立法发展阶段

在 2000 年《专利法》与 2008 年《专利法》对于职务发明专利权益分享问题的发展阶段立法进程中，我国职务发明制度在原有立法对职务发明创造和非职务发明创造进行明确区分的基础上，引入职务发明创造专利权归属的契约机制，允许单位与发明人、设计人订立合同，对利用单位物质技术条件所完成的职务发明创造的专利权益归属展开约定，并规定单位与发明人、设计人之间的约定，优先于法定的专利权归属规则。[①] 职务发明创造的专利权益分享制度获得进一步的完善，充分尊重单位与发明人、设计人关于职务发明创造专利权归属的意思自治，在一定程度上增强了单位经营自主权并推进了发明人、设计人合法权益的保障。在这一立法阶段中，我国职务发明专利权归属的具体模式与认定程序如图 2-2 所示。

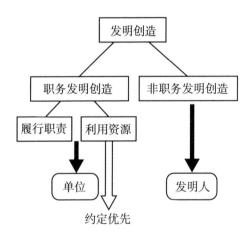

图 2-2　发展阶段我国职务发明专利权归属模式

相比 1984 年《专利法》与 1992 年《专利法》之起步阶段立法的相关规定，2000 年《专利法》与 2008 年《专利法》关于职务发明创造专利权归属问题的修改之处，即在该法第 6 条的规定之中增加第 3 款，确立了职务发明

[①]　参见《中华人民共和国专利法》（2000）第 6 条第 3 款之规定。

创造专利权归属的约定优先原则。契约自由系私法自治的一种表现，为私法自治的核心，使个人得依其意思自我形成其法律关系。① 职务发明专利权归属的约定优先模式取代原有的完全法定主义模式，赋予职务发明创造之发明人、设计人以自由的选择权，是我国职务发明制度在立法上的一大进步，同时也是借鉴域外先进立法经验，实现法律制度国际化的必要措施。② 然而，美中不足的是，根据 2000 年《专利法》与 2008 年《专利法》的规定，职务发明创造的约定优先模式仅限于"利用资源"之职务发明创造，而"履行职责"之职务发明创造仍采用法定模式，其申请专利的权利由单位享有。但是，我们并不能以约定优先模式适用的不充分性而否定我国在职务发明专利权益分享制度发展阶段立法过程中，完善职务发明制度的积极作用和良好效果。不仅如此，在该法第 16 条中，还将原本以专利技术推广应用范围和取得经济效益为基准，对发明人或者设计人的奖励机制，改为合理报酬，形成了对于发明人、设计人的奖励与报酬的双重权益保障模式。③

除此之外，随着我国经济社会的不断发展，劳动关系日益复杂，劳动者流动也日益频繁，为职务发明创造专利权益分享制度的有效运行增加了难度。有鉴于此，2001 年我国对《中华人民共和国专利法实施细则》（以下简称《专利法实施细则》）进行修订：一方面，针对新出现的借调、兼职、实习等临时劳动关系，《专利法实施细则》（2001）重新对职务发明制度的"本单位"进行界定，将临时工作单位纳入本单位范畴；④ 另一方面，针对劳动关系中人才的快速流动，《专利法实施细则》（2001）将 1985 年《专利法实施细则》第 10 条第 1 款中"退职、退休或调动工作之后"的描述，改为"退休、调离原单位或者劳动、人事关系终止后"，有效化解了"退职"一词难以明确涵盖发明人、设计人主动辞职之情况，以及"调动工作"一词又包括

---

① 王泽鉴. 债法原理 [M]. 2 版. 北京：北京大学出版社，2013：13.

② MERGES R P. The Law and Economics of Employee Inventions [J]. Harvard Journal of Law and Technology, 1999, 13 (1)：10–14.

③ 参见《中华人民共和国专利法》（2000）第 16 条后段之规定.

④ 参见《中华人民共和国专利法实施细则》（2001）第 11 条第 2 款之规定.

了在原单位内部变换工作部门之情况等规定不周延的问题，避免制度运行中出现歧义。① 与此同时，2007 年颁布的《中华人民共和国劳动合同法》（以下简称《劳动合同法》）也规定了竞业限制制度，② 从劳动法的角度提出了避免因劳动关系变动而引发职务发明流失的应对策略，为职务发明专利权益分享制度的有效运行提供了劳动法上的保障。

（三）我国职务发明专利权益分享制度的立法完善阶段

职务发明专利权益分享制度完善阶段的立法进程以 2020 年完成的《专利法》第四次修改和正在向社会征求意见的《职务发明条例草案（送审稿)》为代表，意图构建公平合理且高效有序的职务发明专利权益分享制度，充分保障单位与发明人、设计人合法权益的同时，兼顾单位的经营发展利益。

在 2020 年完成的《专利法》第四次修改中，我国并未对职务发明专利权益分享的基本模式作出较大改变，仍沿用之前的权利配置机制。在此次法律修订中，最大亮点则在于，给予单位对于职务发明创造专利权益的依法处置权，对于相关发明成果的转化运用具有较大促进作用。③ 与此同时，在职务发明奖酬的法律规定中，此次修法还进一步增加了鼓励单位以股权、期权、分红等方式实行产权激励的新举措，使发明人、设计人拥有了合理分享创新收益的明确法律依据。④ 在此基础上，考虑到统一所有职务发明规则的必要性以及雇用智力劳动者保护的特殊性，《职务发明条例草案（送审稿)》对职务发明专利权益分享制度进行了相对全面而详细的规定。⑤ 相比《专利法》原则性的制度设计，其新的发展与改变主要体现在如下两个方面。

1. 《职务发明条例草案（送审稿)》扩大了职务发明外延

根据《职务发明条例草案（送审稿)》第 4 条的规定，"发明"一词的外延被予以扩大，不仅是指《专利法》中的发明专利，还包括植物新品种、集

---

① 尹新天.中国专利法详解［M］.北京：知识产权出版社，2012：56.
② 参见《中华人民共和国劳动合同法》第 23—24 条之规定。
③ 参见《中华人民共和国专利法》第 6 条第 1 款后段之规定。
④ 参见《中华人民共和国专利法》第 15 条第 2 款之规定。
⑤ 戴哲.论我国职务发明制度框架的重构：建立《职务发明条例》之必要［J］.电子知识产权，2023（2)：13－24.

成电路布图设计以及技术秘密保护的客体所涉及的智力创造成果。① 在很多情况下，发明人、设计人的职务发明创造不符合可专利性要求，对于单位的经营发展却往往具有巨大的价值，而此时将职务发明限制于专利范畴未免有失公平。② 因此，职务发明外延的扩大，不仅意味着职务发明客体范围的增大，同时也是职务发明专利权益分享制度多元化发展的重要体现和"职务发明条例"立法协调作用的重要彰显。

2. 《职务发明条例草案（送审稿）》引入了发明报告制度

在《职务发明条例草案（送审稿）》中，我国为完善职务发明的专利权益分享制度，协调单位与发明人、设计人之间的利益冲突，借鉴《德国雇员发明法》的立法模式，构建了职务发明报告制度。

根据《职务发明条例草案（送审稿）》第10—12条的规定，职务发明报告制度的运行模式如图2-3所示，即雇员（发明人、设计人）完成与雇主（单位）业务有关的发明的，须在两个月内向雇主报告。③ 若报告中雇员认为该发明为非职务发明，则雇主需作出书面答复，且雇主认为雇员主张之非职务发明应该为职务发明的情形，雇主须说明理由。④ 如果雇员对于雇主的书面答复有异议，则可以两个月内提出反对意见。⑤ 当然，雇主在两个月内怠于书面答复的话，则支持雇员的主张，认定该发明为非职务发明。⑥除此之外，在发明报告制度的具体构建中，还应对报告内容、期限，以及未予报告的相关惩罚措施进一步予以明确，从而保证发明报告制度切实有效地运转。⑦

---

① 唐素琴，朱达，何坤忆. 对《职务发明条例（送审稿）》中相关问题的思考［M］//专利法研究（2013）. 北京：知识产权出版社，2015：173.

② HOWELL P A. Whose Invention is it Anyway – Employee Invention – Assignment Agreements and Their Limits［J］. Washington Journal of Law, Technology & Arts, 2012, 8（2）：79.

③ 参见《职务发明条例草案（送审稿）》第10条第1款之规定。

④ 参见《职务发明条例草案（送审稿）》第12条第1款、第2款之规定。

⑤ 参见《职务发明条例草案（送审稿）》第12条第3款之规定。

⑥ 参见《职务发明条例草案（送审稿）》第10条第1款之规定。

⑦ 戴哲. 论职务发明报告与确权规则的引入必要性及构建［J］. 电子知识产权，2023（12）：4-13.

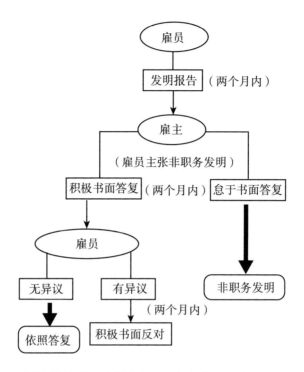

图2-3 我国《职务发明条例草案（送审稿）》发明报告制度运行模式

第二节 职务发明专利权益分享制度的
框架关系与规范体系

从立法（legislation）这一术语在当今所具有的最为重要的意义来看，它意指政府机关经由审慎思考而进行的创制法律法令的活动。[①] 我国关于职务发明专利权益分享制度的立法，以《专利法》职务发明专利权属与奖酬的相关规定，以及仍处于制定过程中的"职务发明条例"为主要表现，但也并不局限于专利法律制度之中，在劳动法律制度、合同法律制度等诸多相关法律

[①] E. 博登海默. 法理学：法律哲学与法律方法 [M]. 邓正来，译. 北京：中国政法大学出版社，1999：431.

文件中，都对职务发明的专利权益分享制度有所涉及。然而，在制度设计方面，不同的利益衡量角度和价值判断立场致使不同法律规范呈现迥然相异的立法价值取向。① 不同的立法目的，必然衍生出效果不同的法律制度，例如专利法律制度和劳动法律制度，二者都是处理职务发明的专利权归属问题的重要法律依据，其中，前者以促进科学技术进步和有效配置智力资源为目标，② 而后者以保障劳动者权益并构建良好的劳动关系为宗旨。不仅如此，不同的立法价值取向还常常会导致法律的交叉与冲突，专利法律制度、劳动法律制度以及合同法律制度在调整职务发明专利权归属法律关系时，也难免会发生不同部门法之间的交叉与冲突，进而造成职务发明专利权益分享制度的运行困境，影响职务发明制度的高效运转。由此，为进一步理顺职务发明专利权益分享的法律规范体系，有必要从具体构造层面出发，展开法律范畴的区分，对相关法律规范的运转冲突予以剖析，有效厘定职务发明专利权益分享制度的框架关系与规范体系，并在此基础上，尝试通过制定职务发明单行立法，即"职务发明条例"来统一规范职务发明的专利权益分享问题，进而化解不同法律部门之间的交叉与冲突。

一、职务发明专利权益分享制度具体构造的法律范畴区分

国家法律体系是指由本国各部门法所构成的、具有内在联系的一个整体，即部门法体系。③ 在职务发明专利权益分享制度的立法框架下，立法者也从不同的角度与立场对相关法律关系予以规制，包括专利法、劳动法以及《民法典·合同编》等诸多法律规范在内的部门法，均对职务发明的专利权益分享制度加以规范。不同的部门法在立法倾向上各有侧重，它们互为补充、互为支撑，共同形成了职务发明专利权益分享制度的体系化制度组合。由此，为实现对职务发明专利权益分享制度具体构造的法律范畴区分，不妨

① 魏德士. 法理学 [M]. 丁小春，吴越，译. 北京：法律出版社，2003：57.

② "作为法律制度的知识产权，其立法目的在于保护智力创造者权利，维系社会正义；促进知识广泛传播，有效配置智力资源。"吴汉东. 知识产权本质的多维度解读 [J]. 中国法学，2006（5）：97－102.

③ 沈宗灵，张文显. 法理学 [M]. 2版. 北京：高等教育出版社，2009：330.

从专利法律制度、劳动法律制度及合同法律制度三个维度予以分别展开，理顺职务发明专利权益分享的相关法律关系，助力职务发明专利权益分享制度的有序运行。

（一）专利法律制度与职务发明专利权益分享制度

专利法以赋予发明人独占权的方式来激励创新，并以技术公开和转化运用来实现效用。[①] 职务发明作为专利法律体系下的一项重要制度，其在制度设计上也符合专利法的立法目标和价值取向。在确定职务发明专利权归属的过程中，基于物质资源的稀缺性，立法者往往因刺激物质投资者（单位）投资积极性的客观需要而更多地考虑物质投资者在法律上的优先性，我国职务发明制度也不例外。[②] 根据我国《专利法》的规定，职务发明创造申请专利的专利权归属于单位，发明人、设计人享有获得奖励或报酬的权利。然而，究其根本而言，发明人、设计人的智力投入才是职务发明创造产生的根源。虽然职务发明创造是单位意志的体现，但是作为一种发明创造，发明人、设计人智力劳动的作用也不可忽视。因此，从我国《专利法实施细则》（1992）第一次明确职务发明奖酬规定，到《职务发明条例草案》以专章来规定职务发明人的奖励和报酬，[③] 职务发明奖励数额不断增加，报酬比例不断提高，

① LOREN L P, MILLER J S. Intellectual Property Law：Cases & Materials [M]. Semaphore Press, 2010：111 - 112.

② 何敏. 职员发明财产专利权归属正义 [J]. 法学研究，2007（5）：75 - 89；何敏，肇旭. 职务发明类分之中外比较与研究 [J]. 科技与法律，2019（6）：17 - 20；刘鑫. 专利权益分配的伦理正义论 [J]. 知识产权，2020（9）：47 - 60.

③《职务发明条例草案（送审稿)》所规定的奖酬基数和奖酬数额：

《职务发明条例草案（送审稿)》	知识产权有效期限内	实施营业利润	不低于5%（发明与植物新品种）
		实施营业利润	不低于3%（其他知识产权）
		实施的销售收入	不低于0.5%（发明与植物新品种）
		实施的销售收入	0.39%（其他知识产权）
		发明人月平均工资	合理倍数
	一次性给付	按照1.2项计算数额	合理倍数
	转让或许可实施的	所得收入	不低于20%

贾丽萍. 浅议职务发明法律法规之协调及制度优化 [J]. 中国发明与专利，2016（2）：16 - 24.

从而提升发明人、设计人的创新积极性，确保职务发明专利权益分享制度的公平合理，实现专利法律制度的立法目的和宗旨。

（二）劳动法律制度与职务发明专利权益分享制度

随着劳动力和生产资料归属相分离的趋势不断加强，劳动法律制度获得了赖以生存的前提，① 即社会上出现了专门有偿提供劳动力的劳动力所有者和掌控生产资料的劳动力使用者，"雇员－雇主"式的劳资关系因而产生，职务发明制度也以此为基础获得了发展的前提。职务发明创造之所以不同于一般的发明创造，就是在于其智力投资主体与物质投资主体的不一致，即智力投资主体之发明人、设计人（雇员）与物质投资主体之单位（雇主）共同决定着职务发明创造的命运。在劳动法律体系中，1994 年颁布的《中华人民共和国劳动法》（以下简称《劳动法》）是调整劳动关系的基本法，对劳动法律问题作了原则性规定。2007 年出台的《劳动合同法》则是规范单位与发明人、设计人之间的劳动合同关系，保障发明人、设计人（劳动者）合法权利的法律文件。尽管劳动合同也是由单位与发明人、设计人平等地协商签订，但由于二者地位天然的不平等性，应给予处于弱势地位的劳动者以进一步的法律保护。② 在《专利法》明确将职务发明之申请专利的权利授予单位的前提下，发明人、设计人（劳动者）在劳动关系及职务发明专利权益分享制度中的弱势地位更加凸显，也更加强化了劳动法以保护劳动者合法权益为目标的立法诉求。③ 虽然我国现行劳动法律制度没有直接规范职务发明专利权归属问题的法律规定，但是作为规范职务发明之基础法律关系（劳动关系）的法律制度，其保护劳动者合法权益的制度目标，为发明人、设计人维护自身权益提供了社会法上的保障。

（三）合同法律制度与职务发明专利权益分享制度

在《专利法》颁布以前，我国长期通过"技术合同制"来激励发明创

① 劳动力和生产资料分别归属于不同主体，才会有劳动法赖以产生的前提。王全兴. 劳动法 [M]. 北京：法律出版社，2004：3.

② 林嘉. 劳动合同若干法律问题研究 [J]. 法学家，2003（6）：65－72.

③ 关怀.《劳动合同法》与劳动者合法权益的保护 [J]. 法学杂志，2006（5）：6－9.

造，但是"技术合同"并不是现代私法自治上的概念，具有旧体制时代与生俱来的基因，计划经济的色彩强烈。① 自2000年《专利法》修正以来，我国引入职务发明专利权归属的"约定优先"模式，合同法律制度才真正成为确认职务发明专利权归属的制度模式，并发挥着越来越重要的作用。在美国，雇主也往往希望同雇员签订"发明预先转让协议"（Pre-invention assignment agreements）来明确职务发明的专利权归属，即雇主与雇员通过平等协商，对职务发明的权利配置达成协议，以合同机制来明确职务发明的专利权归属，避免产生职务发明权属争议。② 然而，合同法律制度中的法律地位平等，只是形式上的平等，是法律推定每个参与缔约的当事人都具有平等地位。③ 换言之，一种集中在少数单位手中、容易被组织化的突出利益，相对于分散在多数发明人或设计人手中、不易被组织化的普遍利益来说，更容易在合同中被反映出来，即产生民主化的危机。④ 尤其是在职务发明创造之雇主-雇员关系中，双方当事人往往由于实力上的不均衡，存在单位与发明人、设计人之间的人身依附关系，导致处于弱势地位的发明人、设计人无法获得其应有的权利。因此，在单位与发明人、设计人利用合同约定职务发明专利权归属的过程中，有必要在某些情况下突破意思自治，给予发明人、设计人以特殊保护。

二、职务发明专利权益分享制度具体构造的规范运转冲突

从我国现有法律规范体系来看，职务发明的专利权益分享制度主要涉及专利法、劳动法等多个法律部门的立法规范。在实践中，不同法律部门在立法目的与价值选择上的差异，常常会引起诸如财产法范畴之专利法与社会法

---

① 谢晓尧，曾凤辰．技术合同的兴起与退隐：一个知识产权现象的地方性知识 [J]．知识产权，2014（3）：18-29.

② PISEGNA-COOK E D. Ownership Rights of Employee Inventions：The Role of Preinvention Assignment Agreements and State Statutes [J]．University of Baltimore Intellectual Property Law Journal，1994，2（2）：163-169.

③ 韩世远．合同法总论 [M]．3版．北京：法律出版社，2011：36.

④ 田村善之．知识产权法政策学初探 [M] // 田村善之论知识产权．李扬，等译．北京：中国人民大学出版社，2013：5-6.

领域之劳动法在单位与发明人、设计人之间配置权利的价值差异，以及专利权归属的法定规则与约定规则之间的协调问题等法律适用上的矛盾与冲突。

（一）专利法与劳动法之间的交叉

关于职务发明的专利权归属问题，专利法作为激励创新投入的市场驱动力，通过合理分配单位与发明人、设计人的经济回报来实现其功能。[①] 而劳动法作为社会法，则倾斜保护劳动者的合法权益，彰显社会众益。[②] 不同的立法目的直接决定了二者在规制职务发明权属关系时，在单位与发明人、设计人权利配置上出现不同的结果，进而引发制度运行的矛盾与冲突。

在确定职务发明创造专利权归属的过程中，专利法基于其促进发明创造的产生和运用的立法目标，往往更注重通过合理配置单位与发明人、设计人的权利，而实现最大程度激励创造效果和发明运用效率，从而追求更高的经济效益。正如亚伯拉罕·林肯所言，专利制度通过提供必要的"利益之油"，激发了创造性劳动——也就是"天才之火"。[③] 我国《专利法》将职务发明申请专利的权利授予单位，也正是基于推动职务发明创造的产生与运用的考虑，因为在当前发明创造复杂化和技术创新集约化的环境下，单位的发明计划与创新投入对于职务发明的开展与转化具有决定性的影响。我国规定职务发明归属于单位的制度设计，难免会在一定程度上忽视对于发明人、设计人之合法权益的维护。而劳动法则立足保障劳动者的合法权益，以职务发明之"雇主－雇员"劳动合同关系为基础，来寻求对发明人、设计人权益的有力保护。劳动法对发明人、设计人权益的倾斜保护，在某种程度上无疑会影响职务发明创造产生与运用的高效进行，制约专利制度价值的充分实现。

任何法律秩序都以特定的价值秩序为基础。[④] 专利法和劳动法不同的立法目标和价值取向也决定了二者在应对职务发明专利权归属问题时的不同解

---

① MERGES R P, MENELL P S, LEMLEY M A. Intellectual Property in the New Technological Age [M]. 6th edt. New York：Aspen Publishers，2012：131.

② 林嘉. 劳动法和社会保障法 [M]. 3 版. 北京：中国人民大学出版社，2014：20.

③ ADELMAN M J, RADER R R, KLANCNIK G P. 美国专利法 [M]. 郑胜利，刘江彬，译. 北京：知识产权出版社，2011：6.

④ 魏德士. 法理学 [M]. 丁小春，吴越，译. 北京：法律出版社，2013：405.

决方案。两个法律部门之间的冲突与矛盾，在很多情况下无疑会加剧职务发明权利配置的困难与争议。

（二）法定规则与约定规则之间的矛盾

随着职务发明专利权归属之约定机制的建立，职务发明创造的权利配置不再是单一的法定主义的制度模式，而是演变为约定归属优先适用于法定归属的权利配置机制。然而，意思自治或意思自由并不意味着只要单位与发明人、设计人达成一致，职务发明权利配置就具有合理性，合同自由也应该有所限制，不能有悖于最基本的公平正义。

在职务发明制度中，单位与发明人、设计人越来越多地通过契约机制来确定专利权归属，也往往会导致处于弱势地位的发明人、设计人无法获得公平的权利配置。① 具言之，专利法律制度与劳动法律制度所确定的职务发明专利权归属的法定规则，在很多时候，已经被单位与发明人、设计人之间的约定规则所取代。只有在约定不明或没有约定的情况下，法定规则才有适用的空间。然而，在单位与发明人、设计人就职务发明的专利权归属进行约定的过程中，虽然双方在形式上处于平等地位，然而，对于发明人、设计人而言，却经常是一项单方的"不平等条约"，换言之，此时的契约自由就像劳动合同关系中发明人、设计人的"鸟自由"（指发明人、设计人像天空中的飞鸟一样自由，但有随时被射杀的高度危险，因而是一种毫无实质意义的自由）。② 专利法作为一种财产法律制度，属于"私"的范畴，单位与发明人、设计人之间通过意思自治实现职务发明权利的合理配置是符合法理的；而劳动法作为一种特别债法，具有社会法之"公"的属性，其在原则上存在契约自由规则，但是当合同双方实力不完全平衡时，契约自由从劳动法的立法价值来看是无意义的。③

---

① "人们越来越多地通过契约机制来获得知识财产，导致穷人很难用公平交换的方式获得财产"。DRAHOS P. A Philosophy of Intellectual Property [M]. Surrey：Ashgate Publishing Limited，1996：87－88.

② 布洛克斯，瓦尔克. 德国民法总论 [M]. 33 版. 张艳，译. 北京：中国人民大学出版社，2014：19.

③ W. 杜茨. 劳动法 [M]. 张国文，译. 北京：法律出版社，2005：1.

因此，在"约定优先"的制度设计中，有必要对约定的内容和范围加以限制，确保单位与发明人、设计人之间就职务发明专利权归属所达成的协议不能背离专利法和劳动法的立法初衷，进而通过对"约定优先"机制的合理界定，化解约定规则和法定规则在适用中的现实问题，实现二者的协调共存。

三、职务发明专利权益分享制度具体构造的制度单行设置

为了促进职务发明创造的蓬勃发展，激发企业创新活力，解决职务发明权利配置中的立法冲突与矛盾，我国目前正在积极推进"职务发明条例"的立法工作。作为职务发明制度的专门立法，"职务发明条例"涉及职务发明创造的权属、奖酬以及转化运用等各个方面，全面地规范了职务发明法律关系。随着《职务发明条例草案（送审稿）》向社会公开征求意见，一时间引起热议，支持和反对的声音都不绝于耳。因此，有必要从必要性和可行性两个方面来探究我国制定"职务发明条例"的是与非。

（一）制定"职务发明条例"的必要性彰显

在当前创新集约化和研究合作化的发展趋势下，发明创造的主体由个人演变为企业，职务发明创造日益成为科技创新的主流。在这样的社会环境下，对于是否有必要制定"职务发明条例"的问题，毋庸置疑，其答案当然是肯定的，而其论据则主要体现在三个方面，即为科技产业发展的诉求、国家相关政策的支持、法律体系完善的需要。

1. 科技产业发展的诉求

随着科学技术的不断进步，科技产业从蒸汽时代或钢铁时代的单一产业发展模式转变为信息时代的多元产业发展模式。与此同时，科技创新也往往需要广泛的原始资源收集、多学科的专家参与以及大量的资金、设备投入，远远超出个人发明人的能力，因而研究开发大多由大公司主导，其研发领域也往往服从于企业的经营与发展。[①] 因此，可以说，个人发明的时代已经过

---

① KAMPRATH R A. Patent Reversion: An Employee - Inventor's Second Bite at the Apple [J]. Chicago - Kent Journal of Intellectual Property, 2012, 11 (2): 186 - 213.

去，未来的科技创新将以职务发明创造为主导。

2. 国家相关政策的支持

2012 年 4 月 1 日中共中央、国务院印发的《国家中长期人才发展规划纲要（2010—2020 年)》明确提出："制定职务技术成果条例，完善科技成果知识产权归属和利益分享机制，保护科技成果创造者的合法权益。明确职务发明人权益，提高主要发明人受益比例。"这一政策文件的出台直接为"职务发明条例"的制定提供了政策契机，与此同时，在国家创新驱动发展战略的政策推动下，"职务发明条例"的制定和审议更是受到各方的关注与支持。

3. 法律体系完善的需要

目前，我国对于职务发明的规定分散在不同的法律、行政法规和地方性法规之中，其中《专利法》和《专利法实施细则》明确规定了职务发明的权属及奖酬规则，《劳动法》和《劳动合同法》中涉及职务发明中"雇员－雇主"劳资关系的规制，而《民法典·合同编》则为职务发明的约定归属提供了法律支持，概言之，现行法律完成足以规范职务发明创造中单位与发明人、设计人之间的诸多法律关系。① 然而，各项法律规范相互之间存在规定不一致、突破上位法等问题，而分散立法也不利于职务发明制度的良好运行。②

（二）制定"职务发明条例"的可行性存疑

"职务发明条例"作为调整职务发明创造之法律关系的专门立法，有利于化解不同法律部门对于职务发明专利权归属问题的制度冲突，减少职务发明专利权益分享制度运行中的法律适用纷争。然而，"职务发明条例"中诸如发明报告制度及发明人、设计人的优先受让权等规定会引发增加额外成本和限制自主经营等问题，并不符合我国职务发明创造的发展现状，其制度可行性存疑。

---

① 王清.《职务发明条例》：必要之善抑或非必要之恶？［J］. 政法论丛，2014（4）：27－34.
② 唐素琴，朱达，何坤忆. 对《职务发明条例（送审稿)》中相关问题的思考［M］//专利法研究（2013). 北京：知识产权出版社，2015：172.

1. 运行程序复杂：衍生额外成本

"职务发明条例"为规制职务发明的权属和奖酬等一系列问题，引入职务发明报告制度、细化职务发明奖酬规则，为职务发明法律关系的处理提供明确法律依据，但是其复杂的运行程序，延长了职务发明的转化运用周期，平添了制度的运行成本。以职务发明报告制度为例，虽然这一制度的引入可以为明确职务发明的专利权归属提供程序性进路，但是复杂的程序也增加了职务发明创造的研发成本。发明人、设计人不仅要在完成发明的确定期限内向单位报告，单位也需要在固定期限内作出声明。① 相比《德国雇员发明法》的规定，我国"职务发明条例"所构建的发明报告制度在确定职务发明归属的"报告－声明"机制的基础上，为保障发明人、设计人的权利，增加了发明人、设计人的"异议"程序，即职务发明专利权归属的确认须经过"报告－答复－异议"三个阶段，进一步加大了职务发明专利权归属纠纷的解决成本。

2. 侧重发明人、设计人利益：制约自由经营

为了保障处于弱势地位的发明人、设计人的合法权益，《职务发明条例草案（送审稿）》在制度设计上侧重于对发明人、设计人的保护，在很大程度上制约了企业的自主经营。诚然，在职务发明法律关系中，基于劳动合同常常形成发明人、设计人对于单位的人身依赖，单位处于职务发明创造的研究主导地位，因而《职务发明条例草案（送审稿）》中设计了明确的职务发明专利权归属程序，并注重保护发明人、设计人的合法权利，但是，其在实践中极大增加了单位的管理义务，加大了职务发明的管理成本，很多中小企业无法做到。② 进言之，为保证合理利益分配的复杂权利配置程序，无疑是实现单位与发明人、设计人利益平衡的重要途径，但同时也降低了制度运行的效率，甚至干涉企业的经营自主权。《职务发明条例草案（送审稿）》很多

---

① 我国发明报告制度规定于《职务发明条例草案（送审稿）》第三章"发明的报告和申请知识产权"第10—12条。

② 张永华. 对《职务发明条例草案》若干问题的思考［M］//专利法研究（2013）. 北京：知识产权出版社，2014：199.

条款的设置没有在发明人积极创新和企业自主经营管理之间做到很好的协调，以致引起南辕北辙的效果。①

第三节　职务发明专利权益分享制度的
运行状况与实践问题

知识经济时代，技术对经济增长的贡献已经取代劳动力和资本，成为首要因素。② 技术的进步则往往需要劳动力要素和资本要素的共同推动，尤其是在职务发明关系中表现得更为明显，一项职务发明成果的产生是发明人或设计人的智力劳动和单位的物质支持共同作用的结果。职务发明的专利权益分享制度则是推动单位与发明人、设计人进行创新的一种法律激励，更确切地说，是以法律形式确保单位与发明人、设计人在市场中获得回报的机会。③ 由此看来，要确保职务发明制度的有序运行，就必须合理配置单位与发明人、设计人对于发明成果所享有的权利，以公平的专利权归属来实现制度运行中的利益平衡，进而激励双方的创新积极性。

利益平衡是知识产权法律的内在价值，是立法者价值取向和政策工具的具体体现。④ 然而，在实践中，职务发明专利权归属却往往难以实现利益之均衡。一般来说，单位与发明人、设计人之间的利益冲突由其在先的劳动关系所决定，难以真正实现职务发明成果的公平分配。与此同时，随着社会经济的不断发展，职务发明的管理模式日益更新，单位与发明人、设计人的权利诉求也在不断变化。职务发明专利权归属上利益纠葛的多样性与职务发明制度在立法上的滞后性，直接导致了职务发明专利权益分享制度在实际运行

---

① 王海波，柯春磊. 对《职务发明条例（草案）》的评议 [J]. 电子知识产权，2013（1）：69–73；吴艳. 论职务发明纠纷解决机制：兼评《职务发明条例草案（送审稿）》[J]. 中国软科学，2015（3）：9–15.

② 曹新明. 促进我国知识产权产业化制度研究 [M]. 北京：知识产权出版社，2012：36.

③ DRAHOS P. A Philosophy of Intellectual Property [M]. Ashgate Publishing Limited，1996：122.

④ 吴汉东. 试论知识产权限制的法理基础 [J]. 法学杂志，2012（6）：1–7.

中的不适应性。具体而言，职务发明专利权益分享制度的运行困境主要体现在以下方面：单位与发明人、设计人之间因社会地位差异而引发权利配置中的利益失衡、不同应用场景下公立机构与私立机构之间在权益分配模式的不同设计，以及不同行业之间因技术运营差异而造成权益分配方式的不同选择。

一、职务发明专利权益分享制度实施环节的主体利益争夺

职务发明创造，是指发明人、设计人为完成单位交付的工作任务，执行研究、设计、开发的职务所完成的发明创造。[①] 专利制度引入这一概念的目的在于区分雇佣关系（或劳动关系）中所产生的发明创造的专利权益分享。在职务发明制度的运行过程中，基于单位与发明人、设计人之间社会地位的差距，权利的配置往往无法同时满足双方的利益诉求，总会对其中一方相对较为有利，而对另一方则相对不利，双方的利益冲突也由此而产生。具体来说，单位与发明人、设计人之间关于职务发明专利权益分享的利益冲突主要表现为如下两个方面。

（一）职务发明专利权益分享中单位"强权主义"的影响

在职务发明制度框架下，基于单位对于职务发明研发的强大物质支持及职务发明成果与单位经营范围的巨大相关性，职务发明创造的研发方向往往由单位所主导，其专利权等相关财产权利也往往由单位所享有。[②] 易言之，在职务发明专利权益分享关系中，单位处于绝对的优势地位，决定着职务发明创造的命运。发明人、设计人则往往不得不依附于单位，其获得奖励和报酬权利的享有也往往以单位的专利权等相关财产权利的实现状况为基础。诚然，这是职务发明创造转化运用和市场化发展的必然选择，但单位对于职务发明创造的巨大支配力无疑是单位"强权主义"的重要表现。从某种程度上说，在职务发明专利权益分享关系中，严重的单位"强权主义"是造成发明

---

① 吴汉东，等. 知识产权基本问题研究 [M]. 2 版. 北京：中国人民大学出版社，2009：239 - 240；汤宗舜. 专利法解说 [M]. 北京：知识产权出版社，2002：43.

② PARKER A. Howell. Whose Invention is it Anyway - Employee Invention - Assignment Agreements and Their Limits [J]. Washington Journal of Law, Technology & Arts, 2012, 8 (2)：79 - 106.

人、设计人权益受损的重要诱因之一。

单位作为职务发明创造专利权等相关财产权利一般意义上的所有者，其和有形财产权的所有者一样，天生具有一种进一步扩张自我的欲望，尤其是现代民事法律所确认的财产权利神圣、私法自治、契约自由等原则，使财产权利所有者具备了非常大的活动空间。① 在当前技术研发高投入和高风险的情形下，单位作为职务发明创造的物质投资者，为了保证必要的经济回报，其职务发明成果的诉求也不断增强，单位的"强权主义"势头也由此衍生，有时甚至超过必要的界限，构成对发明人、设计人合法权益的侵害，破坏职务发明专利权益分享制度所形成的单位与发明人、设计人之间的利益平衡。② 尤其是，随着单位与发明人、设计人约定职务发明专利权益分享模式的兴起，双方当事人的约定优先于法定专利权益分享模式，单位对于职务发明创造的支配力愈发增强，发明人、设计人则很难通过平等的协商而得到其获得奖励和报酬权利的充分满足。③ 因而，可以说，在职务发明权利配置过程中，单位"强权主义"趋势的加剧，是引发单位与发明人、设计人之间利益冲突的缘由之一，单位与发明人、设计人之间形式上的合理权利配置往往难以掩盖实质上的利益失衡，职务发明专利权益分享制度的运行失灵也因此时有发生。

（二）职务发明专利权益分享中发明人、设计人"自益倾向"的风险

发明创造是发明人智力劳动的结晶。职务发明创造的产生，虽然有雇主物质投入的保障与支持，但是发明人、设计人的智力投入才是职务发明创造的生命力之所在。在职务发明创造的权利配置过程中，保障发明人、设计人获得奖励和报酬的权利，既是推动发明人、设计人积极投入智力劳动的激励手段，也是确保职务发明专利权益分享制度有效运行的必要措施。④ 然而，

---

① 韦之. 知识产权论（第二卷）［M］. 北京：知识产权出版社，2014：151.

② 刘鑫. 我国职务发明权利归属机制的产生与变革［J］. 中国发明与专利，2017（11）：20.

③ 德霍斯. 知识财产法哲学［M］. 周林，译. 北京：商务印书馆，2008：99.

④ 刘鑫. 人工智能对知识产权制度的挑战与破解：洛克"财产权劳动学说"视角下的路径选择［J］. 云南社会科学，2020（6）：138–145.

在实践中，发明人、设计人作为"经济人"，往往产生自益行为的倾向，即利用现代发明研究参与人的多样化与研究的合作化，刻意模糊职务发明与非职务发明的法律界限，向劳动关系企业（单位）隐藏职务发明成果。[①] 概言之，发明人、设计人的"自益倾向"会引发职务发明创造的非职务化，导致职务发明成果的流失，对于雇主而言，这无疑是巨大的物质投资风险。

发明人、设计人是职务发明创造的实际发明创造者，获得职务发明成果的财产权利更是其自由意志和人格的重要彰显。[②] 但是，这并不意味着发明人、设计人可以规避职务发明创造专利权益分享制度的利益协调，完全将职务发明创造据为己有。然而，在利益的驱使下，发明人、设计人的"自益倾向"往往难以避免，尤其在信息技术和生物制药领域，发明创造一般具有较大的经济价值，发明人、设计人刻意隐藏职务发明成果的"自益倾向"会更加强烈。具体来说，发明人、设计人隐藏职务发明成果的方式主要有两种：一是刻意规避职务发明要件之限制，即雇员故意对职务发明创造的"履行职务要件"和"利用资源要件"作相反解释，避免其完成的发明创造落入职务发明的范畴；二是刻意规避"离职一年内"之规定，即发明人、设计人在职务发明创造完成后，刻意向单位隐瞒，在其离职一年以后，再申请专利。因此，可以说，发明人、设计人的"自益倾向"是单位开展职务发明创造的现实风险，也是引发单位与发明人、设计人之间的利益冲突的重要原因。

二、职务发明专利权益分享制度实施环节的应用场景差异

专利或发明的市场价值意味着其可以被制成商品或者可以被转让或许可。对于职务发明创造来说，市场价值的实现是确保单位与发明人、设计人合理权益分配的前提，也是确保制度有效运行的基础。然而，多元主体在知识产权法律中地位有别，其对法价值的实现也有着不同的需求。[③] 在职务发明制

---

① 郑昱，王晓先，黄亦鹏. 企业职务发明激励机制法律研究 [J]. 知识产权，2013（8）：69 - 72.

② 黑格尔. 法哲学原理 [M]. 范扬，张企泰，译. 北京：商务印书馆，1961：46.

③ 吴汉东. 知识产权法价值的中国语境解读 [J]. 中国法学，2013（4）：15 - 26.

度中，以企业为代表的私立机构和以高校为代表的公立机构在单位性质层面不同，专利权益分享模式也往往有所差异。其中，以企业为代表私立机构的职务发明与以高校为代表公立机构的职务发明之间权利配置的区别，则是应用场景不同引发职务发明专利权益分享模式差异的突出表现。

（一）以企业为代表私立机构的职务发明专利权益分享诉求

以企业为代表私立机构的职务发明，即企业为获得竞争优势，从自身经营策略和发展目标出发，出资进行的职务发明创造活动。在全球竞争中，企业应该主动寻找压力和挑战，创造新的冲力。[①] 技术优势则是企业赢得竞争的重要法宝，而且随着科学技术在经济发展中发挥越来越大的作用，企业的创新能力日益成为衡量企业实力的重要指标，即企业所拥有的专利的数量和质量是企业创新能力的"专利暗示"（patent signals）[②]。因而，技术创新在企业的发展战略中备受重视。企业的创新发展进程的推进，无疑需要法律或制度的支持与保障，职务发明专利权益分享制度的合理构建也因此显得尤为重要。

在企业经营发展过程中，职务发明专利权益分享制度作为专利制度的重要组成部分，鼓励企业加强将发明创造转化成有市场价值产品的投资。[③] 易言之，合理的职务发明专利权益分享制度是充分激发企业创新投入积极性的有力支撑，也是实现企业等私立单位与发明人、设计人之间利益平衡的有效手段。根据我国《专利法》的规定，私立机构的职务发明一般由单位（投资企业）所享有。此外，随着约定归属模式的不断完善，企业与发明人、设计者约定职务发明专利权归属的情形日渐增多，契约性的权属模式也为企业的经营和发展提供了多元化的策略选择。[④] 具言之，在职务发明专利权归属"约定优先"的模式下，企业通过与发明人、设计人的协商，既可以约定职

---

① 波特. 国家竞争优势 ［M］. 李明轩，邱如美，译. 北京：华夏出版社，2002：574 – 575.

② LONG C. Patent Signals ［J］. University of Chicago Law Review，2002，69（2）：625 – 680.

③ DUTFIELD G. Intellectual Property，Biogenetic Resources and Traditional Knowledge ［M］. London：Earthscan Press，2004：48.

④ 刘鑫. 职务发明权利归属的差异化规则设计：基于投资主体的区别对待 ［J］. 中国发明与专利，2018（9）：21 – 25.

务发明专利权归自己所有，也可以放弃职务发明专利权等财产权利的所有，而仅享有使用权。具体的专利权权益分享模式则完全由企业和发明人、设计人根据发明创造的性质、价值及其与自身利益的关联性等因素来加以约定。这种约定归属的模式不仅增加了制度适用的灵活性，也为企业充分实施经营自主权提供了条件。而在当今现代企业制度下，企业往往在其章程中对职务发明的专利权益分享问题作出规定，为避免纠纷，企业与发明人、设计人一般在最初签订的劳动合同中往往设定有关于职务发明专利权益分享的相关条款，即使在劳动合同中未作约定，企业在向发明人、设计人布置技术开发任务时，也会对职务发明的专利权益分享问题加以约定。因此，可以说，职务发明专利权益分享的约定优先原则是企业减少技术开发之投资风险和增强技术成果之掌控能力的重要手段。

（二）以高校为代表公立机构的职务发明专利权益分享诉求

以高校为代表公立机构的职务发明，一般说来，是由国家公共基金资助的非营利性研究机构所进行的职务发明创造。在多数情况下，公立机构的职务发明创造是由国家资助的，其科学研究和技术开发也具有"社会化"[①] 的性质，而其专利权益分享则往往涉及知识产权主管机关、项目管理机构、项目承担者与研发人员及其知识产权受让方等多重法律主体的利益分配关系。[②] 具言之，在我国，高校等科研机构基本是国有事业单位，科研项目也都是国家提供资助，因而相关职务发明大多归属于单位，尤其是在涉及国家安全和军事机密的相关领域时，职务发明创造的专利权归属更是会被单位严格地加以控制。

然而，非营利性研究机构不同于企业，自行实施专利的形式比较单一，基本是科学研究和教学等非商业化的使用，难以实现职务发明创造的充分转

---

① "社会化"研究的制度安排，即"把对创新者的补偿和创新使用的费用分离开来"。林毅夫.制度、技术与中国农业发展 [M]. 上海：格致出版社，上海三联书店，上海人民出版社，2014：135. "Public Research Resource Allocation in Chinese Agriculture: A Test of Induced Technological Innovation Hypotheses" [J]. Development and Cultural Changes，1991，40 (1).

② 胡朝阳. 国家资助项目职务发明权利配置的法经济探析 [J]. 法学杂志，2012 (2)：33－38.

化和有效运用。① 基于此，世界各国纷纷在立法上作出调整，美国的《拜杜法案》（Bayh - Dole Act）就是典型代表。② 我国在 2000 年《专利法》修正后，允许单位对职务发明专利进行合理的产权处置，这无疑是积极进行制度调适的一种表现。但实践中，因为社会公共利益的考虑和国有资产管理原则的限制，约定归属模式在公立机构的职务发明创造几乎无法运行。面对公立机构职务发明成果的转化运用困境，《中华人民共和国促进科技成果转化法》（以下简称《促进科技成果转化法》）似乎给出了解决策略，即科研人员可以根据与本单位达成的协议，在不变更职务发明成果权属的前提下，进行职务发明成果的转化运用。③ 但是，与美国的《拜杜法案》相比，我国《促进科技成果转化法》并不能充分发挥促进社会公益资助的职务发明创造有效转化运用的效果。因为不改变职务发明的归属，即意味着职务发明创造仍由单位所控制，仅仅依靠发明人与单位协议约定并不能确保发明人获得实施职务发明创造的机会，权益分配比例失衡、方式僵化的问题依旧凸显。④ 也正是基于这个原因，我国各地纷纷开启了职务发明混合所有制的试点探索，以推进高校等公立机构职务发明成果的转化运用。

三、职务发明专利权益分享制度实施环节的技术产业博弈

在不同的行业和领域，技术研究与开发的模式往往各不相同。就像人的大脑一样，每一项技术都有它的倾向，只有对科技史一无所知的人才会相信技术是完全中立的。⑤ 在不同行业之中，技术研发的利益取向和价值追求也

---

① 李小娟. 关于我国科研院所职务发明奖励和报酬制度的探讨 [J]. 中国发明与专利，2015 (1)：27 - 29.

② 《拜杜法案》（Bayh - Dole Act）由美国国会参议员伯奇·贝赫（Birch Bayh）和罗伯特·博勒（Robert Dole）提出，1980 年由国会通过，为激励持续创新的动力和推动技术的转化运用，该法案改变了大学及联邦政府资助的研究机构所做出的发明创造由政府支配的情形，允许私人部门享有这些发明创造的专利权等财产权利。

③ 参见《中华人民共和国促进科技成果转化法》（2015）第 19 条之规定。

④ 程智婷，邓建志. 高校职务发明利益分配的现实困境与优化路径 [J]. 科技与法律（中英文），2024 (1)：72 - 80.

⑤ POSTMAN N. Amusing Ourselves to Death：Public Discourse in the Age of Show Business（20th Anniversary Edition）[M]. New York：Penguin Books Ltd，2006：84.

都有各自的倾向。职务发明专利权益分享制度作为调整技术成果分配的重要法律制度，在不同行业之中，其制度运行也呈现出不同状况。具言之，从传统工业到软件研发、生物制药等新兴产业的技术的发展过程中，技术运营方式的改变也带来了职务发明专利权益分享制度运行模式的转变。

（一）传统工业领域的职务发明专利权益分享

职务发明制度发轫于传统工业发展过程中物质投入和智力投入的主体分离。在前现代时期，技术基本上都是经验性的，它们并没有任何经济上的考虑。[①] 随着多次产业革命的发生，技术创新的过程日益复杂，高昂的物质投入日益使企业等社会组织成为创新的主体，而真正的发明人也不得不屈服于物质投资者的市场选择。为协调单位与发明人、设计人之间的发明成果分配，职务发明的专利权益分享制度应运而生。

职务发明制度伴随着传统工业的发展而产生，其制度设计也是基于传统的工业制造等产业的运营模式。在传统工业领域，职务发明的专利权益分享，不同法域的规定有所不同，但无论是归属于单位还是归属于发明人、设计人，单位作为物质投资者都享有对职务发明的实施权，而发明人、设计人也都享有获得奖励与报酬的权利。单位享有职务发明的实施权是激励其积极开展技术创造，实现职务发明成果有效运用的保障，赋予发明人、设计人以获得奖励与报酬的权利也是激发其努力进行技术研发，实现职务发明成果合理分配的需要。这样的权利配置既是实现单位与发明人、设计人之间利益平衡的重要途径，也是促进传统工业领域科技创新和产业增长的制度支撑。

（二）新兴技术领域的职务发明专利权益分享

随着科技革命的不断深入，新兴技术飞速发展，新的技术领域的出现也带来新的行业创新模式。在诸如信息技术和生物制药等新兴技术领域，快速的更新换代、高昂的创新投入、巨大的市场风险等新的技术研发状况往往引

---

① 林毅夫. 制度、技术与中国农业发展 [M]. 上海：格致出版社，上海三联书店，上海人民出版社，2014：197.

发"专利丛林"（Patent Thickets）① 和"反共有的"（Anti‒commons）② 等一系列制度困境，与此同时，职务发明的专利权益分享制度也面临着创造模式改变的巨大挑战。

1. 信息技术领域的职务发明专利权益分享

在信息技术领域，技术的快速更新换代是信息技术的突出表现，随之而来的便是技术创新的迅速市场化，研发模式的改变也使职务发明专利权益分享制度在运行上不同于传统行业。信息技术开发单位一般也会与雇员发明人事先对职务发明的专利权归属问题加以约定，避免发生职务发明权属争议而制约技术的转化和运用。

信息技术创新过程中，往往更多地强调技术"开放"（openness）所带来的福利，③ 加之以技术创新周期短的特性，研发者之间的技术竞赛也愈发激烈，造成同一技术上的多个专利分属于不同专利权人的"专利丛林"现象。交叉许可和专利池作为化解专利丛林的有效方式也因此被广泛应用。但是，在实践中，交叉许可和专利池的打包许可或一揽子许可往往发生在多个单位之间，难以准确计算每一项专利的应用程度和效益。加之许可协议往往有保密条款，单位很难做到将数千上万件一揽子许可的专利通知其发明人同时也不能违反保密条款的规定。④ 因此，在信息技术单位与发明人、设计人进行权利配置的过程中，就难以通过某项发明创造的价值和收益来进行利益分配。由此看来，在信息技术领域，要实现单位与发明人、设计人之间职务发明权利的合理配置，不能拘泥于现有的专利权益分享范式，应充分应用约定权属模式来应对实践中单个发明创造效益计算的难题，尤其是发明人、设计人的获得奖励和报酬的权利，不能仅限于现金和股权等物质奖酬，还应注重精神

① SHAPIRO C. Navigating the Patent Thicket：Cross Licensing，Patent Pool and Standard Setting ［J］. Chapter in NBER book Innovation Policy and the Economy，2001，1（1）：119‒150.

② HELLER M A. The Tragedy of the Anticommons：Property in the Transition from Marx to Markets ［J］. Harvard Law Review，1998，111（3）：621‒688.

③ MERGES R P. Justifying Intellectual Property ［M］. Cambridge：Harvard University Press，2011：4‒14.

④ 吴艳. 论信息技术领域职务发明制度：兼评《职务发明条例草案（征求意见稿）》［J］. 科技管理研究，2013（19）：133‒135.

上的嘉奖和激励，构建获得奖酬权利的多元实现模式。

2. 生物制药领域的职务发明专利权益分享

在生物制药领域，高昂的研发投入意味着巨大的市场风险，[①] 研发者对于享有排他性的垄断权的诉求往往更加强烈，反对知识共享和制约公共健康的"反共有的"也表现得更为凸显。[②]在生物制药实践中，后续的发明创造往往需要以在先的发明发现为基础（例如基因药品的研发需要以原始的致病基因序列之发现为前提）。具言之，生物药品的研发大致来说可以分为以下两个阶段，即主要由创投企业进行基础研究的上游阶段和由大型制药公司进行具体医药开发的下游阶段。[③] 在上游阶段和下游阶段，职务发明的专利权益分享制度在运行上也有不同的表现，即在上游的基础研究中职务发明的权属相对于下游的具体医药开发，一般在约定上较为多元，有时会允许职务发明归属于发明人、设计人，而在下游阶段这种情况几乎不存在。这是因为在具体的药品研发过程中，往往需要进行成百上千次的动物试验和临床试验，并且需要通过严格的行政审批。诚然，美国等发达国家大多给予药品专利以延期保护，[④] 但是在高昂的物质投入和巨大的市场风险面前，企业对于专利权的诉求变得异常强烈，因此，在职务发明的权利配置过程中，药品研发企业及研究机构一般会通过规章制度以及与发明人、设计人签订的劳动合同和技术开发合同等方式来严格地掌控产品和方法的专利权。当然，为激励研发人员的积极创新，发明人、设计人获得奖励和报酬的权利一般也得到充分的满足。

---

① KAMPRATH R A. Patent Reversion：An Employee – Inventor's Second Bite at the Apple ［J］. Chicago – Kent Journal of Intellectual Property，2012，11（2）：186 –213.

② 刘鑫. TPP 背景下基因药品专利池之构建、管理与运行［J］. 电子知识产权，2015（11）：32 – 42.

③ 田村善之. 田村善之论知识产权［M］. 李扬，等译. 北京：中国人民大学出版社，2013：95.

④ MERGES R P，DUFFY J F. Patent Law and Policy：Cases and Materials ［M］. San Francisco：Matthew Bender & Company Inc. ，2002：59 – 60.

第三章

价值论：职务发明专利权益分享制度的学理基础与实践面向

职务发明专利权益分享制度作为调整单位与发明人、设计人职务发明权益分配的一种法律规范，在理论层面上，其制度运行中显现出的现实困境具有更为深层的原因。法律的目的是和平，而达到和平的手段则是斗争。[①] 对于职务发明专利权益分享制度来说，则存在理论学说之分歧、制度效用之分辨、政策导向之分异。首先，在理论学说上分歧表现为自然权利论与创新激励论之争。从财产的权利性质来说，财产一直以来都是哲学分析的重要对象。[②] 同时，充分的哲学基础也是论证财产权正当性的有力保障。就职务发明专利权益分享制度来说，自然权利论和创新激励论是阐释其正当性最为有力的法哲学理论学说。但是，由于这两种理论产生的历史环境不同，它们的价值定位有所差异，在论证职务发明专利权益分享合理性时也就会得出不同结果。关于如何制定职务发明专利权益分享制度的问题，在理论基础上争执与分歧也由此产生。其次，在制度效用上分辨表现为交换正义与分配正义之争。职务发明专利权益分享制度的制度效用考察，即为运用经济学理论和经验主义方法来分析职务发明专利权益分享制度。运用法经济学之"成本－收益"的基本模型，从制度正义角度对职务发明专利权益分享制度的立法选择

---

① 王泽鉴. 民法总则［M］. 北京：北京大学出版社，2009：2.

② DRAHOS P. A Philosophy of Intellectual Property ［M］. Surrey：Ashgate Publishing Limited, 1996：1.

加以衡量。从职务发明专利权益分享的规则设计来看，其制度正义之效益考察呈现为约定归属之交换正义和法定归属之分配正义两个层面。最后，在政策导向上分异表现为"重雇员主义"与"厚雇主主义"之争。所谓知识产权政策，是指政府以国家名义，通过制度配置和政策安排对于私人知识资源、归属、利用以及管理进行指导和规制。① 职务发明创造作为涉及单位与发明人、设计人双方利益的技术创造类型，其中相对复杂的法律关系也带来相对较大的制度风险，职务发明专利权益分享制度的运行也因而更多地需要知识产权政策的指导与调整。在实际的立法选择和制度设计过程中，"重雇员主义"的倾向和"厚雇主主义"的趋势则是职务发明专利权益分享制度不同政策导向的重要体现。

第一节　理论学说之分歧："自然权利论" VS"创新激励论"

从封建特许的垄断权到法律赋予的知识产权，专利制度的演变不仅是制度设计的转化与变革，也是这一制度的理论基础的发展与完善。无论是近代推动专利制度形成的传统"自然权利论"，还是现代促进专利制度发展的新兴"创新激励论"，这些学说无一例外地都是专利制度正当性的重要理论基础。自然权利论作为"私人产权论"的代表理论，强调专利权是发明人的基本权利；而创新激励论则是"产业政策论"的代表理论，该理论从政策工具出发来解释专利权，将专利权视为促进技术和经济进步的法律手段。② 概言之，基于两大理论在价值定位上的差异，可以将自然权利论的论断理解为注重权利个人渊源之"私人利益上的正当性"的观点，而将创新激励论的论述归纳为注重权利的设定给社会整体带来的效果之"社会利益上的正当

---

① 吴汉东. 知识产权的多元属性及其研究范式 [J]. 中国社会科学，2011 (5)：39-45.
② 吴汉东. 无形财产权基本问题研究 [M]. 3 版. 北京：中国人民大学出版社，2013：282.

化"的观点。①

职务发明的专利权益分享制度作为专利法律体系的重要组成部分，是调整单位与发明人、设计人之间职务发明成果分配关系的关键制度。论证专利制度正当性的自然权利论和创新激励论等法哲学观点，同样也是证明职务发明的专利权益分享制度哲学合理性的重要论据。自然权利论强调人们对其自己创造的思想享有自然权利上的权利，他人未经许可而占有其思想，应该被谴责为一种盗窃行为。② 职务发明作为发明人、设计人的智力成果，发明人、设计人享有自然权利上的权利，单位所享有的权利则是因发明人、设计人许可而产生。而创新激励论则重视经济效益的最大化，专利制度被认为是一种市场驱动力，通过给予发明收益来激励创新投入。③ 职务发明制度运行中，效益最大化目标的实现往往通过单位与发明人、设计人之间合理的利益分配来激发双方的创新积极性。无论是强调"私益"的自然权利论，还是重视"公益"的创新激励论，它们都是论证职务发明专利权益分享制度正当性的法哲学论据，只是两种理论不同的价值定位，彰显出不同层面的哲学基础。

一、基于"自然权利论"的职务发明专利权益分享正当性

职务发明制度发轫于资本主义经济的兴起和劳动力要素和资本要素在生产关系中的分离，早期资产阶级哲学家、思想家坚持"天赋人权、契约自由""私有财产神圣"等保障私人利益的观点，为资本主义生产关系的进一步发展提供理论基础。因此，诸如洛克的"劳动价值论"和黑格尔的"人格价值论"等论证职务发明专利权益分享制度合理性的理论学说也彰显出浓厚的重视私人利益之"自然权利论"色彩。④

---

① 岛并良. 专利客体论的方法及其结构 [M] // 吴汉东. 知识产权年刊（创刊号）. 北京：北京大学出版社，2005：50 – 59.

② 梁志文. 论专利公开 [M]. 北京：知识产权出版社，2012：35 – 36.

③ MERGES R P, MENELL P S, LEMLEY M A. Intellectual Property in the New Technological Age [M]. 6th edt. New York：Wolters Kluwer Law & Business，2012：131.

④ 刘鑫. 专利制度的哲学基础及其正当性分析 [J]. 佛山科学技术学院学报（社会科学版），2016（2）：29 – 34.

（一）劳动价值论框架下的职务发明专利权益分享正当性

劳动价值论作为论证财产权正当性的重要理论，源自约翰·洛克（John Locke）在《政府论》下篇第五章对财产的简短论述，并被后人不断地加以完善。随着专利、商标等无形财产的产生，这一理论更是被用来佐证无形财产的正当性。在劳动价值论的框架下，财产理论的前提是"土地和一切低等动物为一切人所共有，但是每个人对自己的人身享有一种所有权，除他以外任何人都没有这种权利"①，即在财产由人类平等共有的条件下，存在个人对财产的独立占有。

（1）对于财产的平等共有可以区分为积极共有和消极共有②：积极共有是指资源由全体共有权人所共有，任何人要对共有物享有权利都必须经过全体共有权人同意；消极共有则是指资源不属于任何人，任何人都可以对该资源行使权利。而洛克式的共有则更像是消极共有，正如洛克在《政府论》中所说的"就自然理性来说，人类一出生即享有生存权利，因而可以享有肉食和饮料以及自然所供应的以维持他们的生存的其他物品"③，即人类为生存而对共有资源先占而行使权利。因此，为了保障人类生存的最基本的自然权利，对共有资源的个人占有不能以全体共有权人同意为要件。易言之，洛克式的消极共有模式是建立在一种人类高度自觉的假设之上，而现实中人们取得法律上的效果都是为了一个较远的经济上的效果。④ 具体到专利制度中也是一样，采用消极共有的模式无疑会滋生机会主义的弊病。职务发明是单位支持发明人、设计人所完成的研发成果，同时也是全人类共同的知识财富。如果采用消极共有模式，认为任何人都可以对职务发明行使权利，单位与发明人、设计人的权利无法得到有力的保证，职务发明制度的价值也将不复存在。因此，在当今社会，随着职务发明创造经济价值的不断增大，传统的消极共有可能无法适应制度运行的需要，而运用积极共有的模式又会面临发明创造人

---

① 洛克.政府论（下篇）[M].叶启芳，瞿菊农，译.北京：商务印书馆，1964：19.
② 德霍斯.知识财产法哲学 [M].周林，译.北京：商务印书馆，2008：3.
③ 洛克.政府论（下篇）[M].叶启芳，瞿菊农，译.北京：商务印书馆，1964：18.
④ 拉伦茨.德国民法通论 [M].王晓晔，等译.北京：法律出版社，2003：426.

如何取得全体共有人同意的难题。鉴于此，专利制度对积极共有模式加以改良，以技术的公开作为推定全体共有人同意的条件，即智力劳动成果由创造者享有，创造者没有义务去公开其智力成果，只有通过赋予创造者对其智力成果的独占权来保障创造者的收益，进而实现知识的公开。① 具体到职务发明的专利权益分享制度来说，以职务发明创造的公开为条件，单位与发明人、设计人可以拥有职务发明创造的专利权，或者由双方所共有这一权利。

（2）对于财产的个人占有可以从"先占、需求和劳动"三个要素来进行解读。② 第一，关于"先占"，洛克认为"谁改变了天然的自然产品在自然中的状态，谁因此取得了它们的所有权"③，即通过对自然物的先占即可取得所有权。诚然，现在土地等有体物已经被人占有，但是职务发明创造等无形的知识财产仍可以通过先占来取得。④ 第二，关于"需求"，洛克提出"留有足够好的东西给其他人共有"和"上帝创造的东西不是供人们糟蹋和败坏的"两个限制条件。⑤ 也就是说，人们对共有资源的个人占有以维持生存需求和保障自然权利为限。在专利制度中，洛克对取得财产权的"足够保留"和"禁止浪费"两个限制条件对专利产品同样适用。由于其非物质性的本质属性，专利产品不存在被用尽的可能，总会有足够多、同样好的东西留给其他共有人；而且专利的创意和思想不存在被浪费的可能性，但是由于专利权本身是一种法律拟制，人为地制造出一种资源的稀缺，专利制度赋予发明创造者的机会很可能被浪费，例如在职务发明关系中，常常存在单位对发明创造进行垄断却不积极去实施该发明成果而阻碍发明人、设计人及第三人的使用，这无疑是一种对机会的浪费。第三，关于"劳动"，洛克认为劳动是人自己

① MILLER A R，DAVIS M H. Intellectual Property：Patents，Trademarks，and Copyright in a Nutshell [M]. 5th edt. St. Paul：Thomson Reuters，2012：18.

② 吴汉东. 知识产权总论 [M]. 北京：中国人民大学出版社，2013：145.

③ 洛克. 政府论（下篇）[M]. 叶启芳，瞿菊农，译. 北京：商务印书馆，1964：25.

④ MERGES R P. Justifying Intellectual Property [M]. Cambridge：Harvard University Press，2011：32.

⑤ 洛克. 政府论（下篇） [M]. 叶启芳，瞿菊农，译. 北京：商务印书馆，1964：19 - 21；HUGHES J. The Philosophy of Intellectual Property [J]. Georgetown Law Journal，1988，77（2）：287 - 304；MERGES R P. Justifying Intellectual Property [M]. Cambridge：Harvard University Press，2011：35.

身体的延伸，即劳动是人的身体和属于人身的双手所进行的工作，而个人又对自己的人身享有独占的所有权。因此，财产的渊源可以归结为："所以只要他使任何东西脱离自然所提供的和那个东西所处的状态，他就已经在那个东西上掺进他的劳动，加进了他自己的某种东西，因而使它成为他的财产。"① 即人们有权享有他们的劳动成果，即使劳动是脑力上的。② 概言之，劳动把个人财产与人类共有财产区别开来。③ 随着人类文明的发展，人类生存无法再完全依靠对共有资源的自然取得的方式进行，劳动的作用日益凸显，因而可以说，劳动要素在证明财产权正当性过程中具有举足轻重的作用。④ 在职务发明制度中，劳动要素的地位更加凸显，创造不仅是人的自由，也是人劳动的产物。⑤ 每一项职务发明创造的完成不仅依赖于单位的物质支持，同时也是发明人、设计人智力劳动的重要结晶。因此，职务发明创造在单位与发明人、设计人之间的合理权利配置也就显得尤为重要。

（二）人格价值论框架下的职务发明专利权益分享正当性

黑格尔将他的私法思想构筑在"意志—人格—财产"的基本范畴上，并包装在一种十分复杂的哲学语言之中。⑥ 具言之，在黑格尔的"人格价值论"中，关于财产、意志、人格三者之间的关系以"三段论"式的逻辑模型展开论述，即以财产占有情况决定意志自由程度和意志自由是以人格的本质内涵为前提条件，进而推导出财产权利在构建人格价值过程中的重要作用。

在人格价值论的理论框架下，首先，财产是人生存和发展的基础，对此黑格尔的表述是"人把他的意志体现于物内，这就是所有权的概念"⑦。没有

---

① 洛克. 政府论（下篇）[M]. 叶启芳，瞿菊农，译. 北京：商务印书馆，1964：19.

② BAIRD D G. Common Law Intellectual Property and the Legacy of International News Service v. Associated Press [J]. University of Chicago Law Review，1983，50（2）：411－413.

③ 墨杰斯，迈乃尔，莱姆利，等. 新技术时代的知识产权法 [M]. 齐筠，张清，彭霞，等译. 北京：中国政法大学出版社，2003：2.

④ MERGES R P. Justifying Intellectual Property [M]. Cambridge：Harvard University Press，2011：33 & 41.

⑤ PANG L. Creativity and Its Discontents：China's Creative Industries and Intellectual Property Rights Offenses [M]. Durham：Duke University Press，2012：47.

⑥ 吴汉东. 法哲学家对知识产权法的哲学解读 [J]. 法商研究，2003（5）：77－85.

⑦ 黑格尔. 法哲学原理 [M]. 范扬，张企泰，译. 北京：商务印书馆，1961：59.

财产意味着人无法生存、难以发展，意志自由也就更无从谈起，因此意志自由以财产的获得为基础，换言之，财产占有情况决定意志自由程度。其次，意志自由是人格的本质内涵。只有"自在自为的自由意志"，才能成为法哲学意义上的"人"，并且具有自己的"人格"和"权利的能力"。① 反言之，如果人的意志自由受他人的支配，那么这个人只能说是他人的附庸而无人格可言。最后，我们可以得出财产权是人格实现的核心部分的结论，即一个人拥有的并感觉是自身延续体的一部分的所有离散单位，在一定程度上，都是个人财产。② 进言之，一个人只有拥有了稳定的财产，他才能依靠所掌握的财产而实现其人格自由的愿望。③ 从专利制度的角度来看，一方面，发明创造无疑是人自由意志的重要体现，进而成为人格的重要组成部分；另一方面，人格的享有以控制财产权为基础；因此，不难得出发明创造应该成为一种受法律保护的财产权的结论，而专利制度正是赋予发明创造专利财产权的一种法律制度。然而，"人格价值论"也有其局限性，即利益取向的一元化，过度强调发明创造私益性质的人格价值含义。这一局限在职务发明制度中表现得尤为突出，按照人格价值论严格的"意志—人格—财产"的三段论来进行推理，任何一项发明创造中都凝结了发明人的意志，是发明人人格的重要体现，职务发明创造也不例外，因而，会得出职务发明创造的财产权利应该归属于真正发明人、设计人的答案，而单位则没有取得职务发明创造财产权利的正当理论依据。

在民法"以人作为人格者"的理念下，人格在法律上的含义为人的权利能力，即无人不具有权利能力而为人格者。④ 结合人格价值论的意志、人格和财产的逻辑关系来看，权利能力即意志在民法价值上的人格体现，而财产也是获得民法意义上之人格，即权利能力的必要保障。随着人类社会的不断

---

① 黑格尔. 法哲学原理 [M]. 范扬，张企泰，译. 北京：商务印书馆，1961：46.

② MERGES R P, MENELL P S, LEMLEY M A. Intellectual Property in the New Technological Age [M]. 6th edt. New York：Aspen Publishers, 2012：8 - 9.

③ HUGHES J. The Philosophy of Intellectual Property [J]. Georgetown Law Journal, 1988, 77 (2)：287 - 304.

④ 王泽鉴. 人格权法 [M]. 北京：北京大学出版社，2013：41.

发展，法律规范中的"人"不再仅仅指自然意义上的人，还包括法律拟制的"法人"。在罗马法中，法人是指总体被承认为权利义务的主体，而不依单个人及其更替变化为转移的数人组成之"社团"（associazi–one），而且罗马法把它等同于人，赋予它以人的资格。① 易言之，罗马法赋予法人以权利能力，使法人成为具有人格的主体。罗马法作为现代民法的起源，这一原则也为各国的民事法律规范所继承。诚然，就生理上言，法人与自然人，究其差异，其专属于自然人之权利义务，如亲属法上之亲权、扶养义务等法人当然不能享有。② 但是，在财产权层面，法人和自然人具有同等的权利能力，即法人与自然人在财产权上的人格是平等的。因而，根据人格价值论对于财产权利正当性的证成，发明创造中所包含的"意志"要素，不仅指自然人的意志，法人的意志也可以囊括其中，即发明创造也可以是法人的人格体现。换言之，在财产权正当性的论证中，人格价值论"意志—人格—财产"的三段论推理同样适用于企业等法人团体。因此，在职务发明创造的权利配置过程中，作为法人的单位和作为自然人的发明人、设计人都能够基于人格价值论"意志—人格—财产"的推论而成为职务发明创造专利权等相关财产权利的正当权利人。进言之，单位与发明人、设计人之间职务发明权利份额的分配，也正是对双方人格价值在职务发明创造中之比重的体现。因而，可以说，发明人、设计人的自然人人格价值与单位的法人人格价值的合理衡量意味着职务发明专利权等财产权利在单位与发明人、设计人之间的合理配置和职务发明专利权益分享制度的有效运行。

二、基于"创新激励论"的职务发明专利权益分享正当性

创新激励理论作为职务发明制度设计的重要理论基础，在具体的制度构建上，即为通过合理配置权利来充分激发单位与发明人、设计人双方的创新热情，实现经济利益的最大化。因此，在注重公共利益之创新激励论中，无论是社会层面上的鼓励竞争理论，还是国家层面上的经济发展理论，都是构

---

① 彭梵得. 罗马法教科书 [M]. 黄风，译. 北京：中国政法大学出版社，2005：39.
② 梅仲协. 民法要义 [M]. 北京：中国政法大学出版社，2004：65.

建职务发明专利权益分享制度的重要理论基础。

（一）鼓励竞争理论框架下的职务发明专利权益分享正当性

鼓励竞争理论意在说明，专利法的产权制度是一种技术研发的竞争机制。① 易言之，专利制度通过赋予发明人对发明创造以独占的垄断权来确保发明人获得应有的回报，进而激励人们积极开展技术研发。职务发明作为专利法中的重要制度，其通过赋予职务发明权利人对于职务发明创造的垄断权，即合理配置单位与发明人、设计人对职务发明创造所享有的权利，制止第三人的不正当竞争行为，维护良好的市场竞争环境。

在鼓励竞争理论的框架下，职务发明权利配置的重点在于有效地分配单位与发明人、设计人对于职务发明创造的财产权利，最大限度地实现职务发明在市场上的垄断价值，激励单位与发明人、设计人的发明创造热情，从而最大限度地减少"搭便车"的行为。② 从人的能动创造力来看，发展奋斗与惰性两方面的倾向，在个人生活和社会生活中都是固有的，即积极性往往为惰性所抵消，能动的创造力则会因使人意志退化的懒惰而消失，生产力也会因懒散而丧失。③ 专利法赋予发明人以独占的垄断权利的制度设计，可以激发个体积极开展研发工作，为获得技术垄断利益而相互竞争，有效避免了在智力成果共有情况下"搭便车"的懒惰现象。在职务发明制度中，发明成果由发明人、设计人（智力投入者）和单位（物质投入者）共同完成，专利权等相关垄断权利也需要在单位与发明人、设计人之间进行分配。职务发明专利权益分享制度的构建目的，究其根本，也在于通过合理配置单位与发明人、设计人之间的权利促进职务发明创造的充分运用，以技术优势获取市场优势，确保职务发明创造经济价值的实现。然而，在实践中，基于技术市场的多变性和法律关系的复杂性，职务发明的权利配置往往难以做到完全的公平分配，尤其是在我国"职务发明专利权全部归单位、非职务发明专利权全部归个

---

① 吴汉东. 无形财产权基本问题研究 [M]. 3 版. 北京：中国人民大学出版社，2013：281.

② REBECCA S. Eisenberg. Patents and the Progress of Science：Exclusive Rights and Experimental Use [J]. U. Chi. L. Rev. ，1989，56（3）：1017.

③ E. 博登海默. 法理学：法律哲学与法律方法 [M]. 邓正来，译. 北京：中国政法大学出版社，2004：407.

人"的情况下，单位和个人都面临"获得全部或者失去全部"的艰难局面，职务发明权属问题也就成为单位利益和个人利益最直接的冲突点和最根本的对立面。① 因此，在职务发明权属纠纷频发的法律实践过程中，专利权益分享方面的争议往往引发单位与发明人、设计人双方创新热情的下降，鼓励竞争理论也将出现"失灵"的问题。

为实现利益最大化的权利分配宗旨，鼓励竞争理论要求职务发明的专利权益分享设计以市场为导向，确保权利人对职务发明成果的垄断。根据有效竞争理论，竞争的动态过程是由"突进行为"和"追踪反应"两个相互交替的阶段构成，即在市场竞争中具有创新能力的领先个体带头而其他个体进行追踪。② 进言之，技术创新过程中的专利垄断，也正是引发"突进行为"和"追踪反应"的重要诱因。在职务发明创造中，专利权等垄断性财产权利的配置涉及单位与发明人、设计人两个主体，鼓励竞争理论的适用也不仅仅存在于单一的发明创造者之间，而是体现在单位与发明人、设计人两个层面，即不同发明人、设计人之间的职务发明内部竞争关系中及不同单位之间的职务发明的外部竞争关系中都存在竞争关系。

如图3-1所示，在内部竞争关系中，不同发明人、设计人之间常常会为了获得单位提供的职务发明创造奖金或报酬而相互竞争，积极发挥聪明才智而投身于技术研发；在外部竞争关系中，不同单位之间往往会为了获得因专利垄断而取得的市场优势，展开技术竞赛，为职务发明创造的研发提供充足的物质保障。就职务发明制度的运行方式来说，内部环境的优化和外部优势的确立都离不开合理且高效的专利权益分享制度。具言之，在内部竞争关系层面，单位与发明人、设计人之间合理的权利配置，尤其是给予发明人、设计人以充分的产权激励，是鼓励发明人、设计人之间相互竞争，努力进行技术创造的有效保证；在外部竞争关系层面，单位与发明人、设计人之间合理的权利配置，是促进职务发明创造产生，帮助单位获取市场竞争优势的必要前提。因此，可以说，鼓励竞争理论将外部关系中单位之间的物质投入竞争

---

① 罗东川. 职务发明权属与奖酬纠纷典型案例精选与注解［M］. 北京：法律出版社，2015：255.
② 徐士英. 竞争法论［M］. 北京：世界图书出版公司，2007：13.

和内部关系中发明人、设计人之间的智力投入竞争统一于职务发明专利权益分享制度的合理构建和有效运行。

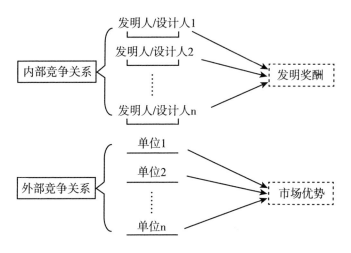

图3-1 职务发明创造竞争关系示意图

（二）经济发展理论框架下的职务发明专利权益分享正当性

经济发展理论是从经济发展的政策工具属性而不是个人权利的私人财产属性来解释专利权。[①] 强调知识产权制度工具化的经济发展理论，可以说是一种具有浓重功利主义色彩的理论，它借鉴法律经济学的方法更多地关注财产行为角度，淡化财产哲学中形而上学的、伦理学和认识论等方面的问题。[②] 职务发明专利权益分享制度作为其中一种重要的制度工具，其功能在于鼓励单位与发明人、设计人积极开展职务发明创造活动，实现技术的公开，推进科技进步和经济发展。

在经济发展理论的框架下，职务发明专利权益分享制度作为配置单位与发明人、设计人权利的法律规则，其制度设计的根本目的在于激发单位与发明人、设计人的研发积极性，提升科技创新能力，推动产业升级和经济发展。从制度经济学角度讲，制度变迁涉及两个重要因素：一个是技术，另一个是

---

① 吴汉东. 无形财产权基本问题研究 [M]. 3版. 北京：中国人民大学出版社，2013：281.

② DRAHOS P. A Philosophy of Intellectual Property [M]. Surrey：Ashgate Publishing Limited，1996：214.

制度。① 就职务发明专利权益分享制度来说，其产生和发展也正是科学技术进步的"刚需"，也是专利制度完善的"标配"。而无论是科学技术的进步，还是专利制度的完善，究其根本，职务发明专利权益分享制度是经济社会发展的必然要求和重要保证。根据熊彼特的创新理论，促进经济发展的"新组合"，即创新，包括下列五种情况：（1）采用一种新的产品（产品创新）；（2）运用一种新的生产方法（技术创新）；（3）开辟一个新的市场（市场创新）；（4）发现一种新的原材料或半成品供应来源（原料创新）；（5）实现一种新的组织，比如形成垄断或打破垄断（组织创新）。② 职务发明专利权益分享制度本身是为促进技术创新而建立的，在制度运行过程中也客观上具有组织创新的效用。具言之，职务发明专利权益分享制度通过合理配置单位与发明人、设计人的权利，一方面可以充分激发单位与发明人、设计人的创新积极性，推进技术创新；另一方面可以明确单位与发明人、设计人在职务发明创造中的权利范畴，形成利于创新的组织形态。因此，可以说，职务发明专利权益分享制度通过技术上和组织上的"新组合"来实施创新，推动经济发展和社会进步。

作为创新激励理论一大组成部分的经济发展理论，其理论视角不仅关注私益层面的权益分配，更加注重私人权利和公共利益之间的平衡。对于职务发明专利权益分享制度来说，其制度设计的目标也不局限于实现单位与发明人、设计人之私人权利的公平分配，更重要的是确保私人之间的权利配置和社会公共利益的平衡，实现促进经济发展的制度目标。

如图 3 - 2 所示，在职务发明创造中，合理的专利权益分享制度不仅需要公平配置单位与发明人、设计人之间的私人权利，同时也需要兼顾职务发明创造对于社会经济发展的推动效应，确保私人权利和公共利益的平衡。进言之，专利权等知识产权作为一种限制自由的特权，依据主观权利基础理论为财产权渊源，使大量处于公共领域的发明创造等知识资源发生"异化"而具

---

① 曹新明. 知识产权法哲学理论反思：以重构知识产权制度为视角 [J]. 法制与社会发展，2004（6）：61.

② 熊彼特. 经济发展理论：对于利润、资本、信贷、利息和经济周期的考察 [M]. 何畏，易家详，等译. 北京：商务印书馆，1990：75 - 76.

有商品属性，人为地赋予专利等知识财产权利以稀缺性。[①] 知识财产领域的这一"商品拜物教"现象会不断诱发权利追逐者扩大自己权利的欲望，进而严重损害他人权益和社会正义。因而，职务发明专利权益分享制度对特权的配置不能按照非法律意义上漫无边际的道德价值进行，特权的拥有者有义务以不损害特权被最初授予的目的的方式行使这种特权。[②] 换言之，职务发明专利权益分享制度不能仅仅拘泥于"自然权利论"和"人格价值论"等私益正当性理论，更应该注重制度运行过程中宏观的经济发展推进作用的公益正当性，从而实现单位与发明人、设计人之间私人利益分配与社会经济发展之公共利益保障的平衡。

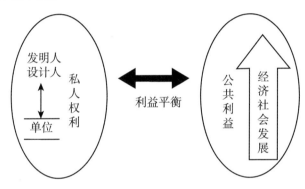

图3-2 职务发明创造利益平衡示意图

第二节 制度效用之分辨："交换之正义"VS"分配之正义"

作为当今社会根本性行为规范的法律制度，其职责在于确保正义在社会上的落实。[③] 而法和正义的概念并非永恒不变的，其内容一定会打上当时社

① 龙文懋. 知识产权法哲学初探 [M]. 北京：人民出版社，2003：49.

② DRAHOS P. A Philosophy of Intellectual Property [M]. Surrey：Ashgate Publishing Limited，1996：220.

③ 冯象. 木腿正义（增订版）[M]. 北京：北京大学出版社，2007：40.

会和政治体制条件的烙印，同时权威的法律规范和正义思想也决定了社会和政治体制的结构。① 因而，在不同的历史时期或不同的社会背景之下，具有不同价值理念的人们对于正义的理解往往也有所不同。具体说来，在现实生活中，自由和效率的法律价值选择就引发了交换正义与分配正义之间的争论：就自由而言，其所对应的是交换正义，即应如何保障和实现个人在其财产上范畴的形成空间；就效率而言，其所对应的是分配正义，即应如何使物归于最适于发挥其效用之人。② 易言之，交换正义的达成以自由原则为基本准则，而分配正义实现的则以效率原则为根本目标。因而，不同制度运行需要往往引发制度构建上对于自由原则和效率原则的不同价值倾向，也就带来制度正义的实现模式在交换正义和分配正义之间的摇摆与抉择。

在职务发明专利权益分享制度之中，交换正义与分配正义之争议则表现为不同权利配置模式之间的比较。具言之，职务发明专利权益分享的交换正义，即意味着单位与发明人、设计人自由地确定职务发明创造的专利权益分享；而职务发明专利权益分享的分配正义，即意味着实现单位与发明人、设计人之间最有效率的权利配置。然而，在追求职务发明的归属正义时，我们不能只注意结果，而必须考虑所付出的资源。③ 自由原则下的交换正义模式通过单位与发明人、设计人之间的协商来确定职务发明创造的专利权益分享，最大限度地尊重了意思自治，充分发挥市场的自律作用，以市场需求为指向实现专利权益分享的公平正义；效率原则下的分配正义模式则是通过公权力的介入来确定职务发明创造的专利权益分享，最大限度地保障了运行效率，充分发挥政府的调控作用，以政策诉求为导向，实现专利权益分享的公平正义。在职务发明专利权益分享制度的运行过程中，交换正义与分配正义都是制度设计上的重要立法选择，世界上大多数国家的职务发明制度都采取兼具交换正义与分配正义双重的权利配置模式，我国也不例外。就我国职务发明专利权益分享制度的制度设计来说，虽然在职务发明权属"约定优先"

---

① 魏德士. 法理学 [M]. 丁晓春，吴越，译. 北京：法律出版社，2013：9.
② 王泽鉴. 民法物权 [M]. 2 版. 北京：北京大学出版社，2010：11.
③ 熊秉元. 正义的成本：当法律遇上经济学 [M]. 北京：东方出版社，2013：22.

的立法模式下，单位与发明人、设计人之间的交换正义（或称契约正义）往往运用得更为广泛，但是在单位与发明人、设计人协商不成的情况下，则需要法定标准来实现职务发明专利权益分享的分配正义。因此，在职务发明专利权益分享制度中，制度正义包含交换正义和分配正义两个层面，二者各有优劣，互为补充，对于职务发明专利权益分享正义的实现，二者更是缺一不可。

一、"交换正义"理念主导的职务发明专利权益分享模式

在专利制度的设计过程中，为实现其推动技术进步的制度目标，将技术的公开作为取得专利权的条件，即以专利技术向公众的公开作为发明人取得垄断权利的交换筹码，运用契约思维实现制度构建上的交换正义。[①] 职务发明是专利制度的重要组成部分，交换正义也是职务发明专利权益分享制度的运行目标之一，具言之，职务发明专利权益分享的交换正义是指单位与发明人、设计人之间采用协商的方式来公平地约定职务发明的专利权益分享，形成权利配置上的契约正义。然而，在复杂的制度实践中，交换正义的实现往往会面临经济效率上的质疑，因而，有必要深入探究在实现交换正义过程中所产生的成本和收益，并提出交换正义的实现路径。

（一）职务发明专利权益分享之交换正义的成本与收益

职务发明专利权益分享的交换正义，是指职务发明创造约定权属的公平合理，实现单位与发明人、设计人之间权利配置的"私"的正义。易言之，在职务发明的权利配置过程中，交换正义即单位与发明人、设计人运用契约机制来实现物质投入和智力投入的价值交换，从而明确职务发明创造的专利权益分享。然而，在实践中，奉行平等和自由等基本价值取向的交换正义模式，往往由于单位与发明人、设计人之间本身社会地位上的不等同和经济实

---

① MILLER A R, DAVIS M H. Intellectual Property：Patents, Trademarks, and Copyright in a Nutshell [M]. 5th edt. St. Paul：Thomson Reuters, 2012：11.

力上的不均衡，致使权利配置偏向处于强势地位的单位，进而引发实质上的"交换不正义"。由此，下面将从运行风险和运行收益两个方面对职务发明专利权益分享的交换正义展开讨论。

1. 职务发明专利权益分享交换正义模式的运行风险

作为实现交换正义之基本途径的契约机制，是规范商品交换关系的基本法律规范，是随着商品交换与商品经济的发展而逐步形成和发展起来的。① 在职务发明权利配置过程中，交换正义的实现也同样依赖于契约机制，通过单位与发明人、设计人的约定来确定职务发明创造的权属。然而，基于职务发明法律关系中单位与发明人、设计人经济实力不对等的特征，运用契约机制推进职务发明专利权益分享交换正义的时候，往往存在单位利用优势地位与发明人、设计人订立"不平等条约"情形，进而引发"交换不正义"的风险。具体说来，交换正义的运行风险主要体现在两个方面：一是发明人、设计人权益减损的危险。在实践中，依据单位与发明人、设计人对职务发明创造权属的约定，发明人、设计人从一项价值连城的专利技术发明中所能得到的回报往往是微乎其微，与此同时，单位为了保证其对于职务发明创造的控制，会限制发明人、设计人对其创造的职务发明的利用，即使是在其已有成果基础上的继续研发。② 二是反共有的（Anticommons）衍生的问题。专利财产的排他占有和垄断使用将制约人们对知识财富的共有和对知识利益的共享，进而引发反共有的问题。③ 在职务发明法律关系中，单位凭借与发明人、设计人订立的"不平等条约"，实现对职务发明创造专利权的绝对垄断，不仅是对发明人、设计人权益的损害，在很大程度上也会制约社会公众对先进技术的合理利用，尤其是在单位滥用其专利权时，反共有的问题会更加凸显，与职务发明专利权益分享的交换正义原则背道而驰。

---

① 韩世远. 合同法总论 [M]. 3 版. 北京：法律出版社，2011：14.

② MERGES R P. Individual Creators in the Cultural Commons [J]. Cornell Law Review, 2010, 95 (4)：793 – 806.

③ HELLER M A. The Tragedy of the Anticommons：Property in the Transition from Marx to Markets [J]. Harvard Law Review, 1998, 111 (3)：621 – 688.

2. 职务发明专利权益分享交换正义模式的运行收益

法律规则作为人类行为的指导规范，其"效率"是以现存资源收益的最大化为标准的。职务发明专利权益分享制度是配置单位与发明人、设计人对于职务发明创造财产权利的法律规则，实现收益最大化也是其重要的"效率"追求。在职务发明法律关系中，约定归属的交换正义模式相比于法定归属的分配正义模式更符合收益最大化的效率性要求。从制度运行的收益来说，通过契约机制配置职务发明创造权利的交换正义模式，可以依据单位与发明人、设计人的意思自治，形成符合双方当事人利益诉求的职务发明创造权属模式。① 此外，值得注意的是，诚然职务发明创造专利权等相关财产权利的约定归属会引发发明人、设计人权利减损和反共有的衍生等风险，但是，单位对于职务发明专利权的垄断也意味着职务发明专利权的统一控制，可以有效地化解职务发明制度运行过程中可能出现的单位与发明人、设计人专利权转让困境，极大地降低了职务发明制度运行的交易成本。② 进言之，单位作为职务发明创造的物质投资者，其对发明人、设计人研究与开发的方向具有指引的能力，使研发出的职务发明创造符合其自身的发展需求，促进经济效益的持续增长。由此看来，由单位掌控职务发明创造的专利权或申请专利的权利，无疑是推动职务发明创造产业化、商业化、资本化的重要手段，同时也是实现专利技术转化运用的根本途径。③

（二）职务发明专利权益分享之交换正义的实现路径

在职务发明创造的权利配置过程中，单位与发明人、设计人之间的利益博弈就像竞技比赛一样，如果没有明确的规则或者规则没有被充分地遵守，竞赛就无法有序地运行。交换正义的实现在于单位与发明人、设计人通过充分地协商，达成合意，构建明确的职务发明创造权属规则，并为双方所严格

---

① 契约机制，又可称为合同法律机制，奉行合同自治原则，即"当事人自己的事情，原则上由自己做主"。韩世远. 合同法总论 [M]. 3 版. 北京：法律出版社，2011：15.
② MERGES R P. Individual Creators in the Cultural Commons [J]. Cornell Law Review，2010，95 (4)：793-806.
③ 吴汉东. 专利技术转化与无形资产运营 [J]. 专利代理，2016 (2)：13-16.

地遵守，确保职务发明专利权益分享制度的有序运行。进言之，在运用契约机制建构职务发明约定权属模式的过程中，应当严格遵循约定归属在效力上的优先性、在内容上的多元性、在范围上的合理性，从而实现职务发明专利权益分享的交换正义。

1. 职务发明专利权约定归属的效力优先性

明确职务发明创造约定归属在效力上的优先性，是实现单位与发明人、设计人之间权利配置之交换正义的基本前提。职务发明创造约定归属的效力优先性，也就是人们常说的约定优先原则，即在单位与发明人、设计人对职务发明专利权益分享有约定的情况下，按照双方约定的规定执行。易言之，关于职务发明创造的专利权益分享当事人有约定的优先依照其约定，而在当事人没有共同约定或者约定失效的情况下，则按照法定的方式。[①] 承认约定归属效力优先性的约定优先原则是当事人意思自治的充分体现，也是实现职务发明专利权益分享交换正义的基本前提。唯有在效力上明确约定归属的优先性，才能使单位与发明人、设计人摆脱法定归属规则的束缚，获得实质意义上自由作出约定的机会。在效力上要求约定归属优先性，凸显了对自由价值的追求，但是在交换正义语境下，正义是平等的自由、受平等制约的自由，因而在明确约定归属在效力上优先性的同时，必须兼顾单位与发明人、设计人之间的平等诉求。[②]

2. 职务发明专利权约定归属的内容多元性

促进职务发明创造约定归属在内容上的多元性，是实现单位与发明人、设计人之间权利配置之交换正义的关键举措。职务发明创造的专利权益分享不应当像职务作品一样采用严格的"work – for – hire"模式，由单位享有知识产权，而应当允许单位与发明人、设计人对职务发明创造的专利权益分享进行约定，形成多元化的权属机制。进言之，职务发明创造约定归属的内容多元性，不仅意味着单位与发明人、设计人可以通过平等协商明确职务发明

---

① 王瑞龙. 知识产权共有的约定优先原则 [J]. 政法论丛, 2014 (5)：42 – 50.
② 王江松. 论自由、平等与正义的关系 [J]. 浙江学刊, 2007 (1)：37 – 44.

的专利权等相关财产权利是归属于其中一方，或是按份双方共有及各自的比例，双方还可以就职务发明创造的转化运用及持续研发等具体事项加以约定。具言之，在当前市场环境瞬息万变的情况下，职务发明何时使用、何时商业化都深刻关乎单位与发明人、设计人的切身利益，而且在技术更新换代周期日益缩短的条件下，给予发明人、设计人更多的灵活性和自主性来不断完善他们的成果是必然的发展趋势。① 因此，相关内容也成为单位与发明人、设计人约定职务发明创造归属时，必须加以注意的问题。

3. 职务发明专利权约定归属的范围合理性

保证职务发明创造约定归属在范围上的合理性，是实现单位与发明人、设计人之间权利配置之交换正义的重要保障。基于创新方案本身所具有的随机性和射幸性，单位与发明人、设计人以此为标的订立合同势必会造成当事人间成本、收益与风险分配关系的不安全与不公平，导致当事人之间利益分配不公、法律关系不稳定。② 在职务发明创造约定归属具有效力上的优先性的前提下，人们往往忽视单位所固有的优势经济地位和充分法律知识，只注重形式上的自由平等。③ 毋庸置疑，约定优先是契约自由原则的重要彰显，但是保护个人自由并不是法律的唯一目的，法律的目的是在个人原则与社会原则之间形成一种平衡。④ 因此，基于约定双方实质地位的差异，需要立法者对契约自由加以限制，此时公平原则便成为立法者用来平衡雇佣双方权益关系的利器。⑤ 换言之，立法者必须对职务发明创造约定归属的范围加以限制，即关于专利权益分享做出的约定必须是对发明人、设计人有利的，或是

① MERGES R P. Individual Creators in the Cultural Commons [J]. Cornell Law Review, 2010, 95 (4): 793－806.

② 何敏. 新"人本理念"与职务发明专利制度的完善 [J]. 法学, 2012 (9): 69－84.

③ HOVELL W P. Patent Ownership: An Employer's Rights to His Employee's Invention [J]. Notre Dame L. Rev. , 1983, 58 (4): 863－889.

④ E. 博登海默. 法理学：法律哲学与法律方法 [M]. 邓正来，译. 北京：中国政法大学出版社, 1999: 114.

⑤ 和育东，杨正宇. 中美职务发明限制约定优先原则的比较及启示 [J]. 苏州大学学报（法学版）, 2014 (4): 54－62.

说不利于发明人、设计人的约定是无效的。[①]

二、"分配正义"理念主导的职务发明专利权益分享模式

专利制度作为促进技术创新的法律规范，其必然具有法律制度所固有的强制性，诚然在其制度的设立基础上运用了契约思维，但是归根到底专利法仍然是一种具有法律强制性的社会规范。正如亚里士多德在其著作《政治学》中所举的"长笛之例"，在他看来，将长笛分给演奏水平最高的人是最为公正的，最符合分配正义的，而不能以容貌和出身等交换正义标准来确定长笛归属。[②] 在职务发明专利权益分享制度中，契约性的权利配置也并不是唯一的权属模式，为保障权利配置的分配正义的法定权属也是职务发明专利权益分享制度的重要组成部分。鉴于此，下面将深入探究在实现分配正义过程中所产生的成本和收益，并提出分配正义的实现路径。

（一）职务发明专利权益分享之分配正义的成本与收益

职务发明专利权益分享的分配正义，是指职务发明创造法定权属的公平合理，实现单位与发明人、设计人之间权利配置的"公"的正义。易言之，在职务发明的权利配置过程中，分配正义是通过强制性的权利配置规则来确定职务发明创造的专利权益分享，从而实现社会资源的合理配置。国家公权力深度介入的专利权益分享制度无疑会有力地保障处于相对弱势地位的发明人、设计人的合法权益，但是，与此同时，严格死板、缺乏灵活性的分配正义模式也会极大地限制单位的自主性，进而严重阻碍职务发明创造的经济效益的产生与实现。由此，下面将从运行风险和运行收益两个方面对职务发明专利权益分享的分配正义进行考察。

1. 职务发明专利权益分享分配正义模式的运行风险

根据约翰·罗尔斯所提出的适用于收入和财富分配的正义原则，人们财

① 郑其斌. 论职务发明与非职务发明的区分原则：从专利法和劳动法双重角度的探讨 [J]. 中国劳动关系学院学报，2009（4）：91-95.

② 亚里士多德. 政治学 [M]. 乔伊特，译. 北京：中国人民大学出版社，2013：112-114.

富和收入的分配虽然无法做到平等，但它必须合乎每个人的利益，同时，权力地位和领导性职务也必须是所有人都能进入的。① 在职务发明创造的权利配置过程中，分配正义也意味着兼顾单位与发明人、设计人及社会公众利益，实现各方的利益平衡，易言之，基于道德原则和公共政策的考虑，职务发明专利权益分享的分配正义涉及在团体与团体之间、个人与个人之间以及团体与个人之间多个层面权利配置的公平正义。然而，在实践中，不同主体的权利诉求往往难以平衡，而且职务发明专利权益分享制度所追求的正义应该是有效率的正义，是整体价值最大化的正义。② 一味地追求各方权利的均衡，极易造成职务发明制度运行效率的低下，致使发明人、设计人一方或者单位一方无法获得进行职务发明创造研发的必要物质激励，抑或单位与发明人、设计人双方都难以得到令其满意的答案。由此看来，职务发明专利权益分享平衡各方利益的分配正义的实现，一般伴随着权利配置效率的降低，制约单位或发明人、设计人的创新积极性，影响社会福利的持续增加。此外，法定归属模式所固有的缺乏灵活性的特点，在很大程度上是单位与发明人、设计人合理配置权利并持续开展技术创新的制度枷锁，严重束缚了双方创新潜能的发挥。因此，可以说，从社会全局层面上对职务发明财产权利的均衡配置所引发的创新热情消退，是职务发明专利权益分享的分配正义的运行风险的重要彰显。

2. 职务发明专利权益分享分配正义模式的运行收益

财产法确立了可以为人们所拥有的客体，也提供了能够激励经济增长的财富创造和分配的框架。职务发明制度作为财产法律制度的重要组成部分，以发明创造为客体，构建了单位与发明人、设计人之间的权益分配框架。易言之，职务发明专利权益分享的制度设计实质上是发明人、设计人和单位及

---

① 约翰·罗尔斯在其著作《正义论》中提出了关于正义的两个原则：首先，正义是确定和保障公民的平等自由，即正义的第一个原则；其次，正义收入和财富分配的公平合理，即正义的第二个原则。参见罗尔斯. 正义论 [M]. 何怀宏，何包钢，廖申白，译. 北京：中国社会科学出版社，1988：60 – 61.

② 蒋逊明，朱雪忠. 职务发明专利权益分享制度研究 [J]. 研究与发展管理，2006（5）：78 – 84.

社会公众之间进行的资源分配，旨在让发明人、单位及社会公众各得其所应得，进而最大限度地实现资源分配正义。① 职务发明创造涉及单位与发明人、设计人等多方主体，如何在不同主体之间进行利益分配，是职务发明制度运行实践中的一大难题。从法律上来说，利益分配意味着权利的配置和安排，而公平性则是知识产权财富分享中的法律正义。② 因而，在职务发明专利权益分享制度的构建与运行过程中，单位与发明人、设计人之间专利权等相关财产权利的配置的公平性，也是职务发明专利权益分享的分配正义的重要体现。而法定归属模式权利配置的明确性更利于职务发明专利权益分享的分配正义的实现。同时，强调正义并不一定否认或排斥利益，甚至可以将正义解释为某种利益。③ 职务发明专利权益分享分配正义的实现，不仅可以有效协调单位与发明人及设计人及社会公众之间的利益冲突，达到各方的利益平衡，也可以在全社会营造有序健康的创新环境，促进科学技术的不断进步，推进经济社会的持续发展。

（二）职务发明专利权益分享之分配正义的实现路径

在职务发明创造的权利配置过程中，法定的专利权益分享模式所固有的强制性和兜底性，是明确职务发明创造在单位与发明人、设计人之间权利配置的基础，也是推进职务发明制度高效运行的保证。分配正义的实现则在于法定归属机制的合理建构和运行，充分协调单位与发明人及设计人之间、发明人、设计人与社会公众之间、单位与社会公众之间的利益冲突，确保职务发明专利权益分享制度的有序运行。具体说来，在建构和完善职务发明法定权属模式的过程中，应当严格遵循约定归属在效力上的权威性、在内容上的导向性、在范围上的稳定性，从而实现职务发明专利权益分享的分配正义。

1. 职务发明专利权法定归属的效力权威性

增强职务发明创造法定归属在效力上的权威性，是实现单位与发明人、

---

① 唐素琴，刘昌恒. 职务发明奖酬给付义务单位及其相关问题探讨：从张伟锋诉3M中国有限公司案件谈起 [J]. 电子知识产权，2015（7）：18 - 25；凌宗亮. 执行本单位任务所完成职务发明的专利权益分享 [N]. 人民法院报，2014 - 01 - 09（007）.

② 吴汉东. 知识产权法价值的中国语境解读 [J]. 中国法学，2013（4）：15 - 26.

③ 沈宗灵. 法·正义·利益 [J]. 中外法学，1993（5）：1.

设计人之间权利配置之分配正义的核心所在。法律权威性的作用主要在于保障法治畅行，保障法律所体现的人民意志被忠实地执行，保证法律所规定的公民权利得到切实维护，保证违法犯罪行为被依法追究。① 就职务发明创造的法定专利权益分享制度来说，其效力上的权威性是确保合理配置单位与发明人、设计人职务发明财产权利的基础，同时也是实现职务发明专利权益分享分配正义的保证。法律效力作为一种核心法律概念，其背后蕴藏的权威性效力是可以在程度上区分大小的，有权威性效力的规范应当得到尊重。②职务发明法定专利权益分享制度的权威性大小，直接影响着配置职务发明专利权等相关财产权利的法定规则能否有效运行，实现单位与发明人、设计人之间的利益平衡。职务发明创造法定归属之效力权威性的增强，意味着职务发明专利权益分享向分配正义的靠近；反之，职务发明创造法定归属之效力权威性的缺失，职务发明专利权益分享的分配正义则会化为泡影。

2. 职务发明专利权法定归属的内容导向性

推动职务发明创造法定归属在内容上的导向性，是实现单位与发明人、设计人之间权利配置之分配正义的重点所在。法定归属模式在内容上的导向性，是指在职务发明专利权益分享制度中的法定归属模式，在内容上对于单位与发明人、设计人约定职务发明创造的归属问题时具有指导作用。易言之，在职务发明专利权益分享制度的运行过程中，法定归属模式作为单位与发明人、设计人之间权利配置的兜底性利益分配机制，基于其充分考量单位与发明人、设计人及社会公众多方利益，积极追求各方利益平衡的制度目标，专利权及相关财产权利的法定归属规则、对发明人及设计人奖励和报酬的数额与比例的法定规则等内容，在很大程度上可以为单位与发明人、设计人在约定职务发明专利权益分享时提供参考。因此，可以说，充分发挥职务发明创造约定归属在内容上的导向性，不仅是职务发明专利权益分享分配正义的重要彰显，同时也是单位与发明人、设计人之间交换正义实现的指导与参考。

---

① 张德淼. 论法律的权威性 [J]. 法商研究（中南政法学院学报），1997（2）：11-14.

② 俞祺. 正确性抑或权威性：论规范效力的不同维度 [J]. 中外法学，2014（4）：883-906.

3. 职务发明专利权法定归属的范围稳定性

提高职务发明创造法定归属在范围上的稳定性，是实现单位与发明人、设计人之间权利配置之分配正义的关键所在。从某种程度上说，专利制度是一种激励机制，它通过对发明人开发创新成果所投入的时间及努力进行保护，鼓励人们公开自己的创新成果，分享其利益。[①] 职务发明制度作为专利制度的组成部分之一，是通过合理配置单位与发明人、设计人的财产权利来实现双方的利益平衡，从而激发单位与发明人、设计人研发热情的创新激励机制。而要实现单位与发明人、设计人之间的利益平衡，在构建和完善职务发明专利权益分享的法定归属模式的过程中，就必须保障法定规则在适用范围上的稳定性，提高职务发明创造专利权等相关财产专利权益分享的可预见性，明确单位与发明人、设计人之间的权利配置。如若职务发明财产权利的法定归属机制在适用范围上缺乏稳定性，则必然导致职务发明权利配置不公正、不均衡等问题的滋生，影响职务发明专利权益分享之分配正义的实现。因此，可以说，唯有提高适用范围上的稳定性，才能真正实现单位与发明人、设计人之间职务发明专利权益分享的分配正义。

第三节　政策导向之分异："重雇员主义"VS"厚雇主主义"

知识产权制度作为激励技术创新和促进经济增长的一项重要的法律规范，其在公共政策体系中也是一项知识产权政策，是在国家层面上制定、实施和推进的，即政府以国家的名义，通过制度配置和政策安排对知识资源的创造、归属、利用以及管理等进行指导和规制，宗旨在于维护知识产权的争议秩序，实现知识产权传播的效益目标。[②] 根据知识产权对价理论，知识产权法实际

---

① 竹中俊子. 专利法律与理论：当代研究指南 [M]. 彭哲，沈旸，徐明亮，等译. 北京：知识产权出版社，2013：129.

② 吴汉东. 中国应建立以知识产权为导向的公共政策体系 [J]. 中国发展观察，2006（5）：4－6.

上是法律和政策的集合体。只有"保护不保护"是法律问题，"保护多少、保护什么、不保护什么"都是一个国家的公共政策。① 概言之，知识产权制度的具体设计是由国家的公共政策所决定的，知识产权制度运行过程中表现出的价值取向差异也是国家知识产权政策导向的重要彰显。

职务发明专利权益分享制度作为知识产权法中的一项重要制度设计，其具体的权利配置的方式与原则由国家的公共政策所决定，并在制度运行中对政策制定者的价值导向予以反映。随着国家技术创新能力的持续提高，在通过技术进步以提升生产效率和产品质量的过程中，政府所扮演的角色是毋庸置疑的。② 职务发明专利权益分享制度是明确职务发明专利权归属的法律规则，也是合理分配职务发明权益的知识产权政策。其中，不同的政策导向则会产生不同的制度运行效果。基于职务发明创造中所存在的单位与发明人、设计人之间的利益争夺，政策制定者在设立职务发明专利权益分享制度时往往存在对于单位或发明人、设计人的利益偏向，因而，职务发明专利权益分享制度在政策导向上也就存在"重雇员主义"之倾向和"厚雇主主义"之趋势的差异。具言之，"重雇员主义"倾向下的职务发明专利权益分享制度在配置单位与发明人、设计人之间的权利时偏向保护发明人、设计人的权益；"厚雇主主义"趋势下的职务发明专利权益分享制度在配置单位与发明人、设计人之间的权利时则更注重维护单位的权益。无论是"重雇员主义"还是"厚雇主主义"，构建职务发明专利权益分享制度的根本目的都在于通过市场、立法、行政、司法的多元作用分担，以达到实现一个较为理想的职务发明权属政策的可能性。③

一、"重雇员主义"导向下的职务发明专利权益分享策略

"重雇员主义"是制定职务发明专利权益分享制度的一种政策导向，即

---

① 徐瑄. 知识产权的对价理论 [M]. 北京：法律出版社，2013：354；吴汉东. 利弊之间：知识产权制度的政策科学分析 [J]. 法商研究，2006 (5)：6-15.

② 波特. 国家竞争优势 [M]. 李明轩，邱如美，译. 北京：华夏出版社，2002：617.

③ 田村善之. 创新与专利政策的结构关系：以生物技术发明为例 [M] //田村善之论知识产权. 李扬，等译. 北京：中国人民大学出版社，2013：88-98.

在确定职务发明专利权归属时，相对于单位经济利益的维护，更加注重发明人、设计人合法权益的保护，做出偏向于发明人、设计人利益的职务发明权利配置。换言之，在"重雇员主义"的倾向下，发明人、设计人的权益获得了充分的保障，而单位的权益则很可能在一定程度上被忽视。因而，有必要对"重雇员主义"倾向的产生原因和现实影响进行深入的分析和探究。

（一）职务发明专利权益分享"重雇员主义"倾向的产生原因

在职务发明专利权益分享制度的制度设计过程中，政策导向上的"重雇员主义"倾向的产生是"以人为本"之社会理论的重要反映，同时也是保护职务发明创造中不可替代之智力投入的必然需求。

1. 发明创造活动中人本理念的兴起

希腊智者普罗太戈拉斯说："人是万物的尺度。"这句话是"以人为本"思想的最早表达。[①] 而这一"尺度"的特性突出表现为人类区别于动物，具有思辨的能力。回顾人类社会的发展史，贯穿始终的是人类的创新。在现代社会中，人的创新是科学技术进步的不竭动力，是人类社会发展的重要保证。因而，技术创造和制度创新过程中，必须坚持"以人为本"的社会理论，充分激发人的创新潜能，推动人类社会的飞速发展。作为激励技术创新的重要法律规范，职务发明专利权益分享的制度设计不仅关系职务发明成果及其专利申请权与专利权的归属，发明成果之利益及其成果权之利益的分配，也决定了发明人、设计人进一步进行发明创造及产业化的积极性及规避发明成果技术风险与市场风险的主动性。[②] 因此，在构建职务发明专利权益分享制度的过程中，应当依据人本理念，通过立法充分保障职务发明创造之真正发明创造者（发明人、设计人）的权益，合理配置职务发明财产权利，有效激发作为创新主体的"人"的创新积极性，才能更好地催生具有活力的发明创造，促使知识产权转化运用成为可能。[③]

---

① 赵敦华. 西方人本主义的传统与马克思的"以人为本"思想 [J]. 北京大学学报（哲学社会科学版），2004（6）：28 - 32.

② 何敏. 新"人本理念"职务发明专利制度的完善 [J]. 法学，2012（9）：69 - 84.

③ 乐文清，赵楠，杜骁勇. 浅谈《专利法》中职务发明相关法条的变迁 [J]. 中国发明与专利，2015（8）：126 - 128.

2. 职务发明过程中智力投入之不可替代性

在职务发明创造中，基于发明人、设计人的智力投入中所蕴含的人之主观能动性，其对于职务发明成果的贡献一般来说是本质性的、核心的、不可替代的，而单位的物质投入则往往是辅助性的、可替代的。易言之，发明人、设计人是发明创造的主体，与发明人、设计人有劳资关系的单位是物质技术的投入者，相比之下，发明人、设计人的主观能动性，即脑力劳动，更具有不可替代的独一性。[①] 由此看来，从职务发明创造的创新投入结构来讲，发明人、设计人的智力投入对于职务发明成果的作用是不可替代的。具言之，智力投入与特定的某一发明人、设计人或某些发明人、设计人的创新思维及创新能力相关联，直接推动职务发明成果的产生；而物质投入一般具有同质性，其主要作用在于技术条件的创造，以资本要素为根本指向，并不局限于某一特定的单位。因此，由于发明人、设计人智力投入的不可替代性，在职务发明专利权益分享制度的构建过程中往往注重发明人、设计人权益的保障，制度设计上的"重雇员主义"的政策导向即肇生于此。

（二）职务发明专利权益分享"重雇员主义"倾向的现实影响

作为职务发明专利权益分享制度在制度设计上的一种政策导向，"重雇员主义"突出表现为职务发明创造在权利配置上偏向于发明人、设计人利益的保护。在立法上对发明人、设计人权利的重视，在实际的制度运行中往往可能会带来一系列在政策层面上的积极影响和消极影响。

1. 职务发明专利权益分享"重雇员主义"倾向的积极影响

"重雇员主义"的职务发明专利权益分享制度，以关注发明人、设计人权利保障为规则设计的政策导向。积极影响突出表现为保障发明人、设计人合法权益和激发发明人、设计人创新热情两个方面。第一，"重雇员主义"的职务发明专利权益分享制度有利于保障发明人、设计人的合法权益。在职务发明法律关系中，发明人、设计人与单位之间一般都存在劳动关系，相对

---

① 鲁莉，张永剑. 科技创新中职务发明人权益保障与激励机制研究 [J]. 科学研究管理，2015（4）：91－94.

于单位而言，发明人、设计人不仅是职务发明创造的完成者，还是单位的劳动者，发明人、设计人身份的双重性决定了其在职务发明法律关系中不仅和单位之间存在平等合同法律关系，还存在具有人身依附性质的劳动关系。① 由此看来，虽说发明人、设计人是职务发明的真正创造者，但是其在职务发明法律关系中处于弱势地位。② 因此，在职务发明专利权益分享制度中，采用"重雇员主义"的制度设计来保障发明人、设计人合法权益的现实需求显得尤为强烈。第二，"重雇员主义"的职务发明专利权益分享制度有利于激发发明人、设计人的创新热情。创新的关键在于长效激励机制的构建。③ 当前，在国家创新驱动发展战略与知识产权强国战略的引领下，创新激励机制的建构与完善是经济社会持续健康发展的关键举措。职务发明专利权益分享制度作为一种有效的创新激励手段，旨在合理配置发明人、设计人与单位之间的权利，激发双方的创新积极性，促进科学技术的充分转化运用。激发创新发明人、设计人的创新热情，不仅是推动职务发明创造飞速发展的重要手段，同时也是构建创新型社会、创新型国家的必然需要。在职务发明专利权益分享制度的运行过程中，保障发明人、设计人的合法权益和激发发明人、设计人的创新热情这两个方面的积极作用是相辅相成的，即保障发明人、设计人合法权益是激发发明人、设计人创新热情的基础与条件，而发明人、设计人创新热情的激发则是保障发明人、设计人合法权益的效果之所在。

2. 职务发明专利权益分享"重雇员主义"倾向的消极影响

在职务发明专利权益分享制度中，"重雇员主义"的政策导向充分保障发明人、设计人合法权益并有效激发发明人、设计人创新热情的同时，往往引发物质投入减少、创新成本增加、激励机制异化等一系列的问题与困境。首先，"重雇员主义"的政策导向是造成物质投入减少的诱因。在当前"开

---

① 凌宗亮. 职务发明报酬实现的程序困境及司法应对 [M] //专利发明研究（2013）. 北京：知识产权出版社，2014：192.

② 刘鑫. 职务发明权利配置的价值导向与立法选择：兼评《专利法修订草案（送审稿）》的相关规定 [J]. 电子知识产权，2019（8）：30 - 39.

③ 马一德. 创新驱动发展与知识产权战略实施 [J]. 中国法学，2013（4）：27 - 38.

放式创新"（open innovation）① 的时代背景下，技术的创新不是封闭的，而是由多个创新主体相互合作完成的。职务发明专利权益分享制度作为创新成果分配的重要法律制度，"重雇员主义"的政策导向无疑保护了发明人、设计人的权益，但也很可能会造成职务发明创造中作为另一方当事人单位的权益的减损，导致单位物质投入积极性的下降，进而制约职务发明创造研发工作的正常开展。其次，"重雇员主义"的政策导向是导致创新成本增加的原因。在职务发明专利权益分享制度中，为保障发明人、设计人的合法权益，往往衍生出权利配置的烦琐程序和严格限制。在实践中，这些法律规则上的细化意味着单位对于职务发明创造控制能力的降低，进而导致职务发明创造时间成本和经济成本的增加。最后，"重雇员主义"的政策导向是引起激励机制异化的缘由。在职务发明领域，"重雇员主义"的政策导向使权利配置偏向于发明人、设计人的利益，而在知识财产"商品拜物教"② 的驱使下，发明人、设计人往往会以追逐经济利益为首要目标，只注重能获得专利和物质奖励的发明创造，而不关注发明创造能否有效地转化运用而取得应有的经济效应，造成职务发明专利权益分享制度的异化。

二、"厚雇主主义"导向下的职务发明专利权益分享策略

"厚雇主主义"也是制定职务发明专利权益分享制度的一种政策导向，即在确定职务发明专利权归属时，相对于发明人、设计人合法权益的保护，更加注重单位经济利益的维护，做出偏向单位利益的职务发明权利配置。换言之，在"厚雇主主义"的趋势下，单位的权益可以被有效地维护，而发明人、设计人的权益则往往会在很大程度上受到减损。因而，有必要对"厚雇主主义"趋势的产生原因和现实影响进行深入的分析和探究。

---

① "Open Innovation", in contrast to "Closed Innovation", refers to "companies make much greater use of external ideas and technologies in their own business, while letting their unused ideas be used by other companies."（"开放式创新"，与"封闭式"创新相对，是指企业在其自身经营中更多地使用外部的创新和技术，而将自己没有使用的创新为其他企业使用。）Yoshiyuki Tamura. Patent law Design in the 'Open innovation' Era［M］//吴汉东. 知识产权年刊（2011 年号）. 北京：北京大学出版社，2012：84.

② 中央编译局. 马克思恩格斯文集（第5卷）［M］. 北京：人民出版社，2009：89.

（一）职务发明专利权益分享"厚雇主主义"趋势的产生原因

在职务发明专利权益分享制度的制度设计过程中，政策导向上的"厚雇主主义"倾向的产生不仅是保障公司、社会组织等作为单位之团体的利益的客观需要，也是单位物质投入之不可或缺性的重要体现。

1. 发明创造活动中团体利益的需要

随着专利市场化和产业化的不断深入，发明创造的研发需要更多地立足市场现实需求和满足产业发展要求，更多地依赖于研发个体相互间的协调与合作。诚然，在职务发明关系中，发明人、设计人往往处于相对弱势的地位，但职务发明创造的研发由发明人、设计人全程参与，由于经济利益的驱使，很多发明人、设计人会刻意模糊职务发明与非职务发明的法律界限，向单位隐藏职务发明成果。[①] 因而，在当今职务发明专利权益分享制度的制度设计上，存在"厚雇主主义"的政策导向，职务发明创造的权利配置过程中更多地考虑团体的利益。根据日本学者田村善之的活用市场理论，在知识产权领域本身就有各种"诱因"，市场上的"诱因"本身又具有自律性。[②]"厚雇主主义"的职务发明专利权益分享制度，充分维护单位的权益，无疑是激发单位在相关市场中加大投入的重要诱因，更加符合专利技术转化运用的客观需要，也有利于进一步推动发明成果的市场运营和产业转化。

2. 职务发明过程中物质投入之不可或缺性

在职务发明创造中，基于当今技术研发高投入和高风险的特点，发明创造对于物质投入的依赖性不断增强，拥有雄厚资本的单位日益成为发明的主导。易言之，对于职务发明创造来说，单位的物质投入是不可或缺的。究其根本，这一现象产生的原因在于现代技术发明的创造往往离不开发明人的工作单位所提供的人力、物力和财力条件，还因为发明人自己往往负担不了从

---

① 郑昱，王晓先，黄亦鹏. 企业职务发明激励机制法律研究 [J]. 知识产权，2013（8）：68 - 72.

② 田村善之. 知识产权法的理论 [M] //吴汉东. 知识产权年刊（创刊号）. 北京：北京大学出版社，2005：26 - 36.

请专利代理师到申请专利及维持专利有效的巨大及长期的开支。[①] 尤其是在生物制药领域，一项发明创造的产生往往需要大量的试验、充足的样本、准确的数据等诸多物质技术条件的支持，[②] 因而，职务发明创造对于做出物质投入的单位的依赖性也显得愈发强烈。鉴于职务发明创造中物质投入之不可或缺性，为激励单位的物质投入积极性，确保职务发明制度有效运转，推动技术进步和经济发展，在职务发明创造的权利配置过程中也因此更加注重维护单位的权益，彰显"厚雇主主义"的政策导向。

（二）职务发明专利权益分享"厚雇主主义"趋势的现实影响

作为职务发明专利权益分享制度在制度设计上的一种政策导向，"厚雇主主义"突出表现为职务发明创造在权利配置上偏向于维护单位的利益。在实际的制度运行过程中，"厚雇主主义"的职务发明专利权益分享制度在政策层面上存在一系列的积极影响和消极影响。

1. 职务发明专利权益分享"厚雇主主义"趋势的积极影响

职务发明专利权益分享制度的"厚雇主主义"政策导向是科技创新集约化的必然结果，也是推动专利技术转化运用的本质需要。专利技术的转化和运用，体现为专利技术的产业化、市场化、资本化，是专利制度目标实现的关键，也是无形资产运营的前提。[③] 对于职务发明创造来说，法律之所以"偏爱"单位，在于将职务发明归单位有利于技术转化，符合经济理性。[④] 在职务发明的权利配置过程中，如若规定职务发明创造的专利权等相关财产专利权归属于发明人、设计人所有，单位要使用该职务发明创造就必须与发明人、设计人进行交易，虽说美国等采用职务发明创造初始归属发明人、设计人立法模式的国家大多为单位设立了优先购买或使用的权利，但是单位与发明人、设计人之间的交易成本是不可小觑的，尤其是在经济利益驱使下发明

---

① 郑成思. 知识产权论 [M]. 3 版. 北京：法律出版社，2007：99.
② DUTFIELD G. Intellectual Property, Biogenetic Resources and Traditional Knowledge [M]. London：Earthscan Press，2004：16.
③ 吴汉东. 专利技术转化与无形资产运营 [J]. 专利代理，2016 (2)：13–16
④ 和育东. 美、德职务发明制度中的"厚雇主主义"趋势及其借鉴 [J]. 知识产权，2015 (11)：115–121.

人、设计人产生的自益倾向，无疑会进一步影响单位与发明人、设计人之间的权利转让或者许可，严重制约职务发明创造的高效转化和充分运用。[①] 因而，可以说构建"厚雇主主义"的职务发明专利权益分享制度是实现职务发明创造转化和运用的根本途径。具言之，"厚雇主主义"的职务发明专利权益分享制度促进技术转化运用和推进无形运营的积极效果主要体现为对职务发明创造之产业化、市场化及资本化的推进。职务发明创造的转化运用是一个复杂的过程，无论是促进创新成果向生产力转化的产业化、实现创新成果向商业产品转化的市场化，还是推动创新成果向无形资产转化的资本化，其中都包含巨大的运营风险，远远超过了发明人、设计人的控制范围，因而，拥有较强风险承受能力的单位更适合作为专利权等相关财产权利的拥有者来推进职务发明创造的转化运用。总而言之，"厚雇主主义"的职务发明专利权益分享制度，对职务发明创造的产业化、市场化和资本化发展具有显著的积极作用。

2. 职务发明专利权益分享"厚雇主主义"趋势的消极影响

"厚雇主主义"的职务发明专利权益分享制度在规则构建过程中必然较为注重维护单位的权益，相对应的，发明人、设计人的权益保障则并不是制度设计的重点，甚至被政策制定者所忽视。专利权之所以被认为是财产权，也正是由于它的排他性。[②] 但是，专利权作为排他性的专有权会以"强制性稀缺"的方式，在降低私人成本（保障私人收益）的基础上增加社会成本（加重使用者负担）。[③] 在职务发明法律关系中，发明人、设计人作为职务发明实际创造者的同时，往往也是劳动关系中处于弱势地位的劳动者，在很大程度上存在对单位的人身依附和经济依赖。"厚雇主主义"的职务发明专利权益分享制度在赋予单位以申请职务发明创造专利的权利的同时，又给予单

---

① MERGES R P. The Law and Economics of Employee Inventions [J]. Harvard Journal of Law and Technology, 1999, 13 (1): 1 - 7.

② MERGES R P, DUFFY J F. Patent Law and Policy: Cases and Materials [M]. San Francisco: Matthew Bender & Company Inc., 2002: 48.

③ 熊琦. 著作权激励机制的法律构造 [M]. 北京: 中国人民大学出版社, 2011: 22.

位以额外的权益保障和经济支持，无疑会造成单位在职务发明创造中绝对支配和完全主导的强权地位，致使职务发明创造的专利权具有更大的排他性和更强的垄断性。然而，在"厚雇主主义"的政策导向下，单位对于职务发明创造支配力的增强也意味着单位滥用其权利之风险的增加。① 具言之，单位的权利滥用主要体现为利用对职务发明创造之研发过程的控制和转化过程的垄断无限制地扩大其权利范围，限制发明人、设计人对于职务发明所享有的权利，在很多情况下存在对劳动者合法权益的侵害。此外，单位对于其所享有的职务发明创造之专利权及相关财产权利的滥用，还有可能会危及社会公共利益，产生不良的社会影响。因此，在职务发明制度运行过程中，应综合权利人因权利行使所能取得之利益与其权利之行使对他人及整个社会可能造成之损失，加以比较衡量，② 从而避免"厚雇主主义"趋势下单位滥用权利之情形的发生，合理配置单位与发明人、设计人之间的权利，实现利益平衡。

---

① 刘鑫. 职务发明权利配置的价值导向与立法选择：兼评《专利法修订草案（送审稿）》的相关规定 [J]. 电子知识产权，2019（8）：30 - 39.

② 杨仁寿. 法学方法论 [M]. 北京：中国政法大学出版社，2013：322 - 323.

第四章

比较论：职务发明专利权益分享制度的
模式选择与规范借鉴

职务发明专利权益分享制度比较论，是指运用比较法的研究方法，对不同国家（或特定地区）的职务发明专利权益分享法律制度而展开的比较研究。[①] 法制比较研究具有多种作用，作为本国（或地区）立法之参考资料便是其中主要作用之一。[②] 而对于职务发明专利权益分享制度比较研究的作用无疑也在于发现各国立法之短长并分析各国制度设计之优劣，进而为我国职务发明专利权益分享制度的完善提供有价值的参考资料。纵观世界各个国家的职务发明专利权益分享制度，基于不同的价值取向，在概念界定方面往往具有不同的内涵和外延，在权利归属与奖酬分配方面也往往采用不同的规则和机制。具言之，以职务发明专利权的初始配置为标准，大致可以将世界各个国家的职务发明专利权益分享制度划分为"雇员优先"和"雇主优先"两种模式。其中，在"雇员优先"模式下，职务发明专利权由发明人、设计人优先取得；而在"雇主优先"模式下，职务发明专利权则由单位优先取得。[③]

---

① 沈宗灵. 比较法研究 [M]. 北京：北京大学出版社，1998：1.

② 著名民法学者王泽鉴先生认为，法制比较研究具有多种作用，主要有：①增进认识法律之本质；②作为本国（地区）立法之参考资料；③促进国际了解及商务交易；④作为国际法律统一化之基础。王泽鉴. 比较法与法律之解释适用 [M] // 民法学说与判例研究（第二册）. 北京：北京大学出版社，2009：12.

③ 石怀霞. 职务发明的权利归属制度研究 [J]. 中国高校科技，2015（10）：72 - 75；谭艳红，黄志臻. 试论我国职务与非职务发明专利权的权属界定及其完善 [J]. 南京工业大学学报（社会科学版），2011（2）：30 - 35.

但是，必须要格外注意的是，"雇员优先"与"雇主优先"只是对世界诸多国家职务发明专利权益分享制度分类的一种标准，并不意味着"雇员优先"模式抑或"雇主优先"模式之下各个国家的职务发明专利权益分享制度设计是完全一致的。事实上，即使是职务发明专利权的初始配置相同的"雇员优先"或"雇主优先"的模式内部，不同国家对于职务发明专利权益分享制度的具体设计还是存在较大差异的。为此，有必要分别选取"雇员优先"模式和"雇主优先"模式的典型代表，逐一进行职务发明专利权益分享制度安排的解构与分析，力求描绘出当今世界主要国家职务发明专利权益分享制度的基本架构，实现对于职务发明专利权益分享制度具体状况的全面疏解。

第一节　职务发明专利权益分享制度的"雇员优先"模式

职务发明专利权益分享制度的"雇员优先"模式，是指职务发明由发明人、设计人原始取得的模式，美国、德国及日本是该模式的典型代表。在该模式下，单位只能享有职务发明的许可使用权或者通过继受取得方式获得职务发明。一般而言，"雇员优先"模式在制度设计上更注重发明人、设计人利益的保护，彰显出"重雇员主义"的价值取向，然而，近年来"雇员优先"模式的典型国家均呈现出"厚雇主主义"的法律变革趋势。[①] 为此，不妨分别以美国、德国及日本的相关规定为例，就职务发明专利权益分享制度的"雇员优先"模式展开较为深入的分析，力求描绘出美国、德国及日本三个国家职务发明专利权益分享制度的实践脉络，并以此为基础，挖掘出"雇员优先"模式下职务发明专利权益分享制度的运行机理。

---

① 刘鑫. 职务发明权利配置的价值导向与立法选择：兼评《专利法修订草案（送审稿）》的相关规定 [J]. 电子知识产权，2019（8）：30 - 39.

一、"雇员优先"模式下的美国职务发明专利权益分享制度

在科技发达的美国，"雇员优先"模式下的职务发明专利权益分享制度是激励职务发明人研发新兴技术的重要制度保障。纵观美国法上职务发明专利权益分享制度之发展演变，大体可以划分为三个有所重叠的阶段，即 1840—1880 年的强调个人创意阶段、1880—1920 年的按照贡献分配专利权阶段和 1920 年至今的强调契约合同阶段。① 在不同历史阶段，职务发明专利权益分享制度在美国彰显出不同的立法价值取向，但"雇员优先"的模式并未因此动摇。

（一）美国职务发明的基本概念界定

作为判例法的代表国家，美国"职务发明"的概念最早由霍顿诉美国（Houghton v. United States）一案②所确定，该案当事人霍顿（Houghton）是工业卫生厅的助理药剂师，工业卫生厅委派其设计试验工业厂房粉尘样品，并将其工资由 2500 美元提高至 3000 美元，霍顿研发了一种熏蒸剂气体（Fumigant gas），并以此完成这一任务。其后，霍顿与工业卫生厅发生了该项发明属性的认定纠纷，并诉诸法律。法院认为，霍顿在完成单位所布置的工作任务过程中所研发的"熏蒸剂气体"应属于职务发明范畴。在随后发生的美国诉冷凝器公司（United States v. Dubilier Condenser Corporation）一案③中，法院进一步明确只有雇佣之目的在于从事发明而产生成果时，该发明成果才属于职务发明。由此看来，在美国专利制度框架下，职务发明是指劳动者完成单位所布置的工作任务过程中所做出的发明创造。易言之，美国关于职务发明创造的认定以"履行职责"之任务要件为唯一标准，并不考虑发明人是否利用单位的物质技术条件等利用资源性要件。由此，可以说，美国在职务发明界定上采用的是"一元论"的模式。

---

① 王重远. 美国职务发明专利权益分享制度演进及其对我国的启示 [J]. 安徽大学学报（哲学社会科学版），2012（1）：135–140. 另参见崔国斌. 专利法：原理与案例 [M]. 北京：北京大学出版社，2012：493.

② Houghton v. United States, 23 F. 2d 386, 1928 U. S.

③ United States v. Dubilier Condenser Corporation, 59 F. 2d 381；1932 U. S；曾陈明汝. 两岸暨欧美专利法 [M]. 北京：中国人民大学出版社，2007：245–246.

（二）美国职务发明的初始权利配置

美国长期以来一直承袭英国的专利制度，采用"先发明制"（First to Invention，专利权授予最先做出发明的申请者），即将雇员（发明人、设计人）发明的财产权利首先归属于作为"真正的发明者"的雇员（发明人、设计人），只有在无法确定发明人或发明人不遵守协议的情况下，才能由雇主（单位）提出专利申请。① 在大多数情况下，雇主（单位）只享有优先受让权（preemptive right）和不排他使用权（shop right）。② 美国在职务发明专利权益分享制度设计过程中，赋予雇主（单位）的前述两项权利实质上是衡平法之公平原则和禁反言规则的变种，即雇员（发明人、设计人）在专利技术研发过程中利用了雇主（单位）的财产，则应当授予雇主（单位）使用该发明专利。③ 诚然，在2011年颁布的《LEAHY – SMITH 美国发明法案》中"先发明制"已经被"先申请制"（First to File，即专利权授予最先申请专利的发明人）所取代，④ 即专利权不再从发明创造完成之时起算，而是从专利申请提交之时起算。⑤ 但是与"先申请制"相关的职务发明专利权益分享制度在《LEAHY – SMITH 美国发明法案》中并未有所涉及，因而，适用"先申请制"的美国专利制度仍然采用"发明人主义"的立法模式，即职务发明创造的专利权、专利申请权及申请专利的权利归属于雇员（发明人、设计人），雇主（单位）仍旧仅享有职务发明创造的优先受让权和不排他使用权，并未改变美国职务发明权利归属的"雇员优先"的立法模式。

---

① 《美国法典》第35编第118条规定："在职务发明的场合，雇主（单位）只能让真正的发明人提出专利申请；但是，如果经过努力仍然无法找到发明人，或者不能说服其遵守协议的话，则法律允许其将专利授予受让人。"

② 何敏. 职员发明财产权利归属正义 [J]. 法学研究，2007（5）：75 – 89.

③ 陈敏莉. 试论美国职务发明中的优先使用权制度 [J]. 中国社会科学院研究生院学报，2012（6）：92 – 96.

④ 美国参议院、众议院两院于2011年通过《美国专利法案》，由总统于9月16日签署生效（American Invents Acts, Public Law 112 – 29, Sep. 16, 2011.），参见李明德. 美国知识产权法 [M]. 2版. 北京：法律出版社，2014：34. 另见《LEAHY – SMITH 美国发明法案》第三节之规定，又参见国家知识产权局条法司. 外国专利法选译（下）[M]. 北京：知识产权出版社，2015：1489 – 1499.

⑤ MILLER A R, DAVIS M H. Intellectual Property：Patents, Trademarks, and Copyright in a Nutshell（Fifth Edition）[M]. St. Paul：Thomson Reuters, 2012：12.

（三）美国发明预先转让协议的应用

美国将职务发明创造专利权赋予雇员（发明人、设计人），而仅给予雇主（单位）以使用权的立法模式往往难以满足雇主（单位）控制职务发明创造的利益诉求，在很大程度上降低了雇主（单位）对于职务发明创造的投入热情。因而，在实践过程中，很多雇主（单位）为了避免职务发明创造依据法律规定由雇员（发明人、设计人）享有专利权而造成其对于职务发明创造控制力降低的情况发生，往往在职务发明创造的研发工作开始之前与雇员（发明人、设计人）签订"发明预先转让协议"（Pre – invention assignment agreement），或在与雇员（发明人、设计人）签订的雇佣合同中订立"发明预先转让条款"（Pre – invention assignment clauses），通过给予雇员（发明人、设计人）以一定的协议对价，将未来完成之发明成果的专利权预先转让给自己。[①] 随着法院对发明预先转让协议效力的承认，发明预先转让协议也被美国企业广泛应用，通过雇主（单位）与雇员（发明人、设计人）的事前合意来预先转让发明创造成果，从而合法地规避职务发明法定专利权归属规则的适用。[②] 然而，发明预先转让协议带来雇主（单位）掌握职务发明专利权的有利结果的同时，也带来了雇主（单位）权利范围扩张而危害发明者权益的风险。在美国高度重视人权保护之"雇员优先"立法价值的指引下，也仅仅只有加利福尼亚州、明尼苏达州、华盛顿特区等七个州制定了关于发明预先转让条款的限制性规定，而没有利用雇主（单位）的物质技术条件、没有利用工作时间进行研发、不属于完成雇主（单位）任务并与雇主（单位）经营范围无关的发明创造应当被认定为自由发明，其财产专利权归属于发明者。[③] 因此，可以说，在美国"雇员优先"的立法模式下，发明成果专利权以归属于雇员（发明人、设计人）为原则，但是随着发明预先转让协议的效力被法院认可并被广泛地予以应用，发明成果专利权由雇主（单位）享有也

---

① MERGES R P. The Law and Economics of Employee Inventions [J]. Harvard Journal of Law and Technology, 1999, 13 (1): 1 – 7.

② 刘鑫. 美国职务发明预先转让协议的考察与启示 [J]. 科学管理研究, 2018 (2): 105 – 107.

③ HOWELL P A. Whose Invention is it Anyway – Employee Invention – Assignment Agreements and Their Limits [J]. Washington Journal of Law, Technology & Arts, 2012, 8 (2): 79.

成为可能。① 进言之，美国的职务发明创造存在发明成果专利权以归属于雇员（发明人、设计人）的职务发明法定初始专利权归属和发明成果专利权以归属于雇主（单位）的发明预先转让协议的约定归属两种模式。约定归属和法定归属的并存，给予雇员（发明人、设计人）与雇主（单位）更多的权属选择，在制度运行中两种模式互为补充，为美国职务发明专利权益分享制度的高效运转提供了必要的保障。

二、"雇员优先"模式下的德国职务发明专利权益分享制度

作为"雇员优先"模式的典型代表，1936 年《德国专利法》在确定专利权归属时，最早采用"发明人主义"原则，即"专利权属于发明人或者其合法继受者"②。1942 年颁布的以促进工业企业最大程度地服务于"二战"为根本目的之"Goring Speer Verordnung"法案③，直接推动了 1957 年《德国雇员发明法》的出台，为雇主（单位）与雇员（发明人、设计人）之间职务发明的权利归属和利益分配问题的合理解决提供了重要依据。

（一）德国职务发明的基本概念界定

在大多数国家的法律制度中，雇员（发明人、设计人）发明与职务发明是具有相同意义并可以互换的概念，而在德国法中职务发明只是雇员（发明人、设计人）发明中的一个类型，换言之，雇员（发明人、设计人）发明是职务发明的上位概念。根据《德国雇员发明法》的规定，雇员（发明人、设计人）发明可以划分为职务发明和自由发明，其中职务发明是"受管理的发明创造"，而其余雇员（发明人、设计人）发明则属于自由发明。④ 在职务发

---

① 付丽霞. 美国专利主体制度的现代化变革：基于国际化、合作化、虚拟化的三维视角 [J]. 中国发明与专利，2019（6）：16 – 21.

② 参见《德国专利法》第 6 条第 1 款之规定。

③ "Goring Speer Verordnung"法案由当时德国两名部长的名字命名，参见贾佳，赵兰香，等. 职务发明专利权益分享制度促进科技成果转化中外比较研究 [J]. 科学学与科学技术管理，2015（7）：3 – 10.

④ 《德国雇员发明法》第 4 条规定："受管理的发明创造（职务发明）或自主发明创造都属于本法所称雇员发明。"

明和自由发明二分法的制度体系下，职务发明的认定标准即为雇员（发明人、设计人）在劳动关系存续期间完成的发明创造是否属于执行单位的工作任务的情形，或者是否属于利用工作便利或工作经验的情形。综上，德国雇员（发明人、设计人）发明的具体分类结构如图4－1所示。

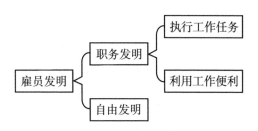

图4－1　德国雇员发明的分类结构

（二）德国职务发明权属的法律冲突

《德国专利法》与《德国劳动法》之间"雇员优先"与"雇主优先"的立法差异，是职务发明权属认定过程中法律冲突产生的根本原因，也是《德国雇员发明法》建立职务发明报告制度的重要立法动因。具言之，在《德国专利法》"发明人主义"的专利权属制度设计模式下，无论是职务发明还是自由发明，其最初发明均由发明人所有。在这种情况下，雇主（单位）要想取得职务发明的相关权利则缺乏相应的法律依据，甚至可以说是违反《德国专利法》的行为。而且，就职务发明而言，雇主（单位）投入了巨大的成本，且发明成果与其经营发展有密切关系。无法获得职务发明的相关权利，对于雇主（单位）而言，无疑是不公平的，从长远来看，更是会降低雇主（单位）激励职务发明创造的积极性，不利于职务发明专利权益分享制度的运行、科学技术的进步和经济社会的发展。然而，根据《德国劳动法》的规定，雇员（发明人、设计人）的劳动成果的专利权则归属于雇主（单位）。如此一来，雇员（发明人、设计人）依据《德国专利法》控制职务发明专利权的行为就是违反《德国劳动法》的。

为了化解《德国专利法》与《德国劳动法》之间的法律冲突，德国专门制定了《德国雇员发明法》，其中的发明报告制度通过创制雇员（发明人、设计人）发明报告以及雇主（单位）权利主张的法律机制，为雇主（单位）获得职务发明的相关权利提供了法律依据和程序规范。[①] 因此，可以说，《德国雇员发明法》职务发明报告制度的建立，是协调法律冲突和保障雇主（单位）权益的立法选择，有效地解决了《德国专利法》和《德国劳动法》之间的制度矛盾，为雇主（单位）获得职务发明权益提供了合法的路径。

（三）德国发明报告制度的运行程序

按照《德国雇员发明法》的规定，在雇员（发明人、设计人）完成发明创造之后，不论是职务发明还是自由发明，均需向雇主（单位）履行书面报告义务，与此同时，雇主（单位）要想获得其中职务发明的财产权，则需在规定时间做出书面的权利主张。而自由发明，则无论雇主（单位）是否主张权利，其财产权都归属于雇员（发明人、设计人）。2009 年德国曾对该法案进行修订，将雇主（单位）取得发明财产权之原有之积极作为的主张方式改变为作为和不作为两种方式[②]，《德国雇员发明法》修改前职务发明报告制度的运转状况如图 4-2 所示。

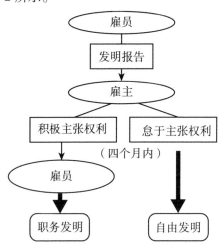

图 4-2　《德国雇员发明法》修改前报告制度示意图

① 刘鑫. 科研管理的新模式：职务发明报告机制的引入与适用：职务发明报告机制的比较研究及其对我国的启示 [J]. 科学管理研究，2017 (5)：108-111.
② 蒋舸. 德国《雇员发明法》修改对中资在德并购之影响 [J]. 知识产权，2013 (4)：86-91.

如图 4 - 2 所示，按照修改前的《德国雇员发明法》之规定，在雇员（发明人、设计人）完成发明创造之后，不论是职务发明还是自由发明，均需向雇主（单位）履行书面报告义务，与此同时，雇主（单位）要想获得其中职务发明的财产权，则需在四个月内及时作出书面的权利主张。① 如果雇主（单位）怠于做出书面的权利主张，则该项发明为自由发明，其财产权归属于雇员（发明人、设计人）。由此，不难看出，《德国雇员发明法》为雇主（单位）设定了较高的注意义务，这种制度无疑是《德国专利法》之"发明人主义"原则影响下职务发明专利权益分享制度"雇主优先"立法价值取向的延续。在工业化的发展进程中，雇主（单位）处于主导支配地位，而雇员（发明人、设计人）往往是劳动关系中的弱势群体，《德国雇员发明法》的这种制度设计也是保障雇员（发明人、设计人）（劳动者）合法权益的立法选择。②

修改后的《德国雇员发明法》则大大降低了雇主（单位）的注意义务，如图 4 - 3 所示，雇主（单位）一方面可以采用原有向雇员（发明人、设计人）发出书面权利主张的方式获得职务发明③，另一方面即使雇主（单位）未在四个月期限内及时作出权利主张，期满之时也视为作出，只要雇主（单位）没有做出放弃该发明的书面表示④。《德国雇员发明法》这一修改，有效地避免了雇主（单位）因权利主张瑕疵而失去职务发明权益，保障了雇主（单位）的经营和发展。随着新兴技术的不断涌现，科技创新呈现出高投入和高风险的趋势，单靠雇员（发明人、设计人）的智力创造往往难以完成，需要雇主（单位）投入海量的资金予以支持，因而，可以说，在当前的职务发明创新机制中，雇主（单位）承担着更大风险。鉴于此，即使在"雇员优先"的制度框架中，"厚雇主主义"的法律变革趋势日益凸显。⑤《德国雇员

---

① 参见《德国雇员发明法》第 5 条、第 6 条之规定。

② 刘鑫. 试析职务发明报告制度的废与立：德国《雇员发明法》与我国《职务发明条例》之比较 [J]. 中国发明与专利，2017（5）：23 - 27.

③ 参见《德国雇员发明法》第 6 条第 1 款之规定。

④ 参见《德国雇员发明法》第 6 条第 2 款之规定。

⑤ 和育东. 美、德职务发明专利权益分享制度中的"厚雇主主义"趋势及其借鉴 [J]. 知识产权，2015（11）：115 - 121.

发明法》所规定的"发明报告—权利主张"规则也将利益的天平偏向了雇主（单位）一边。

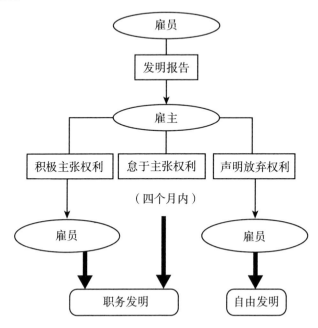

图 4 - 3　《德国雇员发明法》修改后报告制度示意图

三、"雇员优先"模式下的日本职务发明专利权益分享制度

日本的职务发明专利权益分享制度在历次专利法修改过程中几经改变，经历了由"雇主优先"到"雇员优先"再到"雇主优先"的立法模式上的转变。具言之，自 1885 年的《日本专卖特许条例》以来，一直采用"发明人主义"的立法模式。① 然而，1909 年《日本特许法》却将职务发明的专利权授予雇主（单位）。之后为推动技术创新，1921 年《日本特许法》修改为"雇员优先"的权属机制，1959 年和 2004 年的两次修改延续了 1921 年《日本特许法》的规定。直到 2015 年《日本特许法》的修改才再次开始尝试引入"雇主优先"的归属机制，采用"雇员优先"与"雇主优先"并行的立

---

① "发明人主义"是指申请特许（专利）的权利原始归属于发明人。具体参见《日本特许法》第 29 条第 1 款的规定。

法模式，并允许雇主（单位）来进行选择。①

（一）日本职务发明的基本概念界定

《日本特许法》第35条用较大篇幅对职务发明作了较为详细的规范，根据这一条款的规定，从业者完成之发明创造同时满足"处于使用者（单位）业务范围之内"和"履行使用者（单位）现在或者过去职务"两个条件时，才属于职务发明。② 由此可见，《日本特许法》也对职务发明进行了比较严格的限定，某一发明需要同时属于"单位业务范围"和"雇员（发明人、设计人）职务范围"才能被认定为职务发明，只符合其中一个要件的雇员（发明人、设计人）发明创造则不能被纳入职务发明的范畴。因此，可以说，日本在职务发明界定上同美国一样，采用的也是"一元论"的模式，但由于限定条件的不同，其在外延上与美国法的规定不尽相同，具体说来，虽然《日本特许法》所规定的"单位业务范围"和"雇员（发明人、设计人）职务范围"两大限制条件相对严格，但是相对于美国法上职务发明创造的以"履行职责"之任务要件为基准的认定方式，其包含的情形更加复杂多样。易言之，"单位业务范围"和"雇员（发明人、设计人）职务范围"这两个条件，相比于"履行职责"要件，在法律解释的过程中范畴更为宽泛，既涉及"履行职务"的职务发明创造，也可以包含"利用资源"的情形。

（二）日本2015年修法前的职务发明专利权益分享制度

在2015年《日本特许法》修改之前，日本长期沿用"雇员优先"的职务发明专利权益分享制度立法模式，即职务发明的专利权及专利申请权一般来说均归属于雇员（发明人、设计人），雇主（单位）对该专利权享有通常实施权。③ 雇主（单位）可与雇员（发明人、设计人）就职务发明创造的归属通过合同、劳动规章进行事先约定，由雇主（单位）来预约继承职务发明创造的专利权或专利申请权，但是对于非职务发明，雇主（单位）通过合

---

① 刘鑫. 日本职务发明权属规则转变的梳理与借鉴：兼评2015年日本《特许法》修订［J］. 电子知识产权，2017（9）：43–49.

② 《日本特许法》第35条第1款前段之规定。

③ 《日本特许法》第35条第1款后段之规定。

同、工作规章等设定专用实施权的约定无效。① 日本"雇员优先"的立法模式是《日本特许法》"发明人主义"立法设计的延续，也是"重雇员主义"的立法价值取向的体现，究其原因，与日本长期以来形成的论资排辈、终身雇佣的职业环境有关，在这种高度固定的职业形态下，处于弱势地位的雇员（发明人、设计人）往往不会也不能对职务发明提出权利要求，因此，有必要加强对雇员（发明人、设计人）的保障，采用"雇员优先"的立法选择。② 然而，随着"雇员优先"的职务发明专利权益分享制度模式的长期运行，也暴露出雇员（发明人、设计人）双重转让和共同发明难以预约继承等运行难题。

如图4-4所示，在"雇员优先"的职务发明专利权益分享制度权属模式下，职务发明创造的权利原始归属于雇员（发明人、设计人），虽然雇主（单位）可以预约继承职务发明创造的专利权或专利申请权，但是，在实践中，作为原始权利人的雇员（发明人、设计人）为获得更多的经济利益，在很多时候，将职务发明创造的权利预约转让给雇主（单位）的同时，又向第三方转让职务发明创造的专利权或专利申请权，造成权利的双重转让，致使雇员（发明人、设计人）陷入职务发明创造的权属纠纷之中。

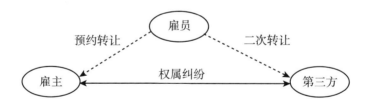

图4-4　日本修法前雇员双重转让关系示意图

如图4-5所示，在共同发明的情形中，雇主（单位）A与雇主（单位）B共同开展专利技术的研发，其中雇主（单位）A将研发工作交给雇员（发明人、设计人）C来完成，而雇主（单位）B将研发工作交给雇员（发明

---

① 《日本特许法》第35条第2款之规定。

② 武彦，李建军．日本职务发明利益补偿机制的创新理念和保障机制 [J]．自然辩证法通讯，2009（2）：51-55.

人、设计人）D来完成，由此，这一专利技术则由雇员（发明人、设计人）C与雇员（发明人、设计人）D共同发明。关于该职务发明的权属，雇主（单位）A会与雇员（发明人、设计人）C通过合同或劳动规章来预约继承雇员（发明人、设计人）C完成部分的权利，雇主（单位）B也会与雇员（发明人、设计人）D通过合同或劳动规章来预约继承雇员（发明人、设计人）D完成部分的权利。然而，如果雇主（单位）A或雇主（单位）B想实施该项技术，则雇主（单位）A需要获得雇员（发明人、设计人）D同意继承的许可，同样雇主（单位）B也需要获得雇员（发明人、设计人）C同意继承的许可。由此看来，在共同发明的情形中，某一方雇主（单位）要想实施该项技术往往需要获得其他合作方发明雇员（发明人、设计人）同意继承的许可。在前例中，共同研发的合作方只有雇主（单位）A和雇主（单位）B两方，然而，在实践中，共同研发的合作方往往涉及多个主体，这对于雇主（单位）来说是巨大的许可成本，严重制约了雇主（单位）对于专利技术的高效实施。

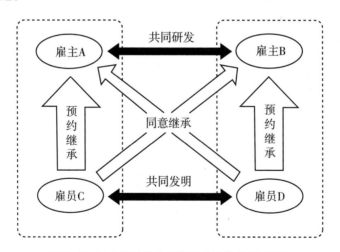

图4－5　日本修法前共同发明中法律关系示意图

注：该示意图引自日本特许厅总务部企划调查课法制专门官足立昌聪，在"中日两国关于职务发明专利权益分享制度的研讨会"（2016年7月23日，中国·北京）上所作的题为《日本职务发明专利权益分享制度（特许法35条）的修订：结合2015年修法》的演讲。

（三）日本 2015 年修法后的职务发明专利权益分享制度

2013 年，随着日本政府"三支箭"再生战略①的启动，为减轻企业负担、增强产业竞争力，日本职务发明专利权益分享制度也发生"厚雇主主义"的异化，即允许雇主（单位）与雇员（发明人、设计人）事先约定职务发明专利权从原始取得时即归企业所有。在 2015 年的《日本特许法》修改过程中，长期沿用的"雇员优先"的职务发明专利权益分享制度运行机制被"雇员优先"与"雇主优先"并存的模式所替代，即在《日本特许法》第 35 条第 3 款中，增加了职务发明申请特许（专利）的权利在发明完成之时雇主（单位）即可原始取得的规定。在引入这一规定的过程中，《日本特许法》并未强制性地规定职务发明创造的权利原始归属于雇主（单位），而是规定雇主（单位）可以与雇员（发明人、设计人）可以在合同或劳动规章中对职务发明创造的专利权归属进行事先约定，即由雇主（单位）与雇员（发明人、设计人）通过自由的约定来选择权利的归属，双方既可以约定职务发明之申请专利的权利由雇主（单位）原始取得，同时也可约定由雇员（发明人、设计人）享有。②

随着日本职务发明专利权益分享制度运行机制由单一的"雇员优先"模式向"雇员优先"与"雇主优先"并存模式的转变，在"雇员优先"下凸显的雇员（发明人、设计人）双重转让和共同发明难以预约继承等运行难题也迎刃而解。如图 4 - 6 所示，在 2015 年《日本特许法》修订以后，雇主（单位）可以通过合同及劳动规章事先地原始取得职务发明创造的申请专利的权利，而不必再通过预约继承来继受雇员（发明人、设计人）所享有的权利。在这样的情形下，雇主（单位）可以直接获得职务发明创造的专利权利，而雇员（发明人、设计人）也不再是职务发明创造的原始权利人，因而，也就不存在雇员（发明人、设计人）将其原始取得的权利预约转让给雇

---

① 2013 年日本政府启动的"三支箭"再生战略包括金融政策、财政政策和成长战略，旨在实现经济发展的同时兼顾财政重建，参见俞风雷. 日本职务发明的贡献度问题研究 [J]. 知识产权，2015（6）：94 - 98.

② 参见《日本特许法》（2015 年修订）第 35 条第 3 款。

主（单位）的同时，再向第三人转让的可能性，有效地避免了雇员（发明人、设计人）双重转让问题的发生。

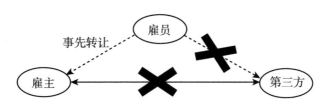

图4-6　日本修法后雇员双重转让关系示意图

共同发明中的预约继承困境，经过2015年《日本特许法》的修订也获得了良好的解决。如图4-7所示，由于雇主（单位）可以合法地成为职务发明创造的原始权利人，雇主（单位）A可以和其雇员（发明人、设计人）C事先达成协议得到申请专利的权利，而雇主（单位）B也可以和其雇员（发明人、设计人）D事先达成协议得到申请专利的权利，因而，二者不再需要通过预约继承模式来取得职务发明的申请专利的权利，而只需雇主（单位）A和雇主（单位）B就职务发明创造的专利权归属达成合意就可以保证

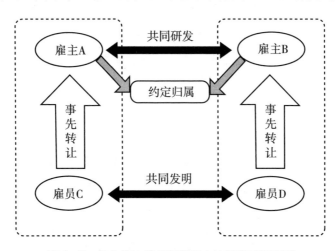

图4-7　日本修法后共同发明中法律关系示意图

注：该示意图引自日本特许厅总务部企划调查课法制专门官足立昌聪，在"中日两国关于职务发明专利权益分享制度的研讨会"（2016年7月23日，中国·北京）上所作的题为《日本职务发明专利权益分享制度（特许法35条）的修订：结合2015年修法》的演讲。

雇主（单位）A 和雇主（单位）B 获得其所期待的利益。诚然，在实践中很可能会存在多个雇主（单位）的情形，而不只仅有雇主（单位）A 和雇主（单位）B 两个，但是不同的雇主（单位）既然可以就共同发明达成合意，想必一定会对共同研发的职务发明的专利权归属作出符合各方要求的合理约定。

第二节　职务发明专利权益分享制度的"雇主优先"模式

职务发明专利权益分享制度的"雇主优先"模式，是指职务发明由雇主（单位）原始取得的立法模式，英国、法国是该模式的典型代表。在"雇主优先"模式下，雇主（单位）作为职务发明的权利人往往在职务发明的专利权归属和利益分配过程中占据有利地位，雇员（发明人、设计人）则不得不依附于雇主（单位）。因而，可以说，"雇主优先"的职务发明专利权益分享制度具有"厚雇主主义"的本质属性。近年来，为避免雇主（单位）对雇员（发明人、设计人）利益的掠夺，采用"雇主优先"模式的国家在职务发明专利权益分享制度的运行中日渐重视对雇员（发明人、设计人）奖酬权利的保障，并逐步展现出一定的"重雇员主义"的价值导向。[①] 为此，不妨分别以英国、法国的相关规定为例，对职务发明专利权益分享制度的"雇主优先"模式进行相对全面的阐释，以期勾勒出英国、法国职务发明专利权益分享制度的实施形态，并以此为基础归纳出"雇主优先"模式下职务发明专利权益分享制度的运行机理。

一、"雇主优先"模式下的英国职务发明专利权益分享制度

近代专利制度起源于英国，1624 年颁布的《垄断法案》被公认为世界上

---

① 刘鑫. 职务发明权利配置的价值导向与立法选择：兼评《专利法修订草案（送审稿）》的相关规定［J］. 电子知识产权，2019（8）：30－39.

第一部专利法。① 该法案虽与当今专利制度的形式、体例相去甚远，但其中所形成的基本专利含义一直被沿袭至今。② 现行《英国专利法》是 2004 年修订的，其中有关职务发明的相关规定并未改动，仍沿用其 1977 年《英国专利法》的规定。作为"雇主优先"的立法模式的典型代表，《英国专利法》将职务发明创造的归属直接赋予雇主（单位），其中，第 39～42 条涉及职务发明专利权益分享制度的相关内容，分别对职务发明的概念界定、专利权归属、雇员（发明人、设计人）奖酬等事项进行了详细的规定。

（一）英国职务发明的基本概念界定

在英国"雇主优先"的职务发明专利权益分享制度设计下，职务发明的内涵界定也相对较为宽泛，采用"二元论"的结构模式。具言之，根据《英国专利法》的规定，职务发明包括两种类型：一种是雇员（发明人、设计人）执行雇主（单位）任务过程中做出的发明，不论该发明是雇员（发明人、设计人）正常工作的过程中做出的，还是在正常工作之外做出的③；另一种是雇员（发明人、设计人）的正常工作过程中做出的发明，并在做出此项发明之时，由于雇员（发明人、设计人）的工作性质而产生的特殊职责，他对促进其雇主（单位）事业的利益负有特别的义务④。在这种"二元论"的职务发明界定模式中，第一类为"履行职务"之职务发明创造，第二类则为"利用资源"之职务发明创造。换言之，根据《英国专利法》"二元论"的界定模式，一项发明创造只需满足"履行职务"要件或"利用资源"要件的其中任何一个即可被认定为职务发明创造。相比美国和日本等国家所采取的"一元论"的职务发明创造界定规定，《英国专利法》对于职务发明创造采取更为宽松的界定，这在很大程度上也是其"雇主优先"立法模式下"厚

---

① 刘春田. 知识产权法 [M]. 4 版. 北京：中国人民大学出版社，2009：149；吴汉东. 知识产权法 [M]. 3 版. 北京：法律出版社，2009：128 – 129.

② DENT C. Generally Inconvenient：The 1624 Statute of Monopolies as Political Compromise [J]. Melbourne University Law Review，2009，33（2）：415 – 453.

③ 参见《英国专利法》第 39 条第 1 款 a 项之规定。

④ 参见《英国专利法》第 39 条第 1 款 b 项之规定。

雇主主义"价值取向所影响的，因为相对宽泛的职务发明界定更有利于雇主（单位）掌握职务发明创造的专利权等财产权利。

（二）英国职务发明的相关权利配置

作为"雇主优先"立法模式的典型代表，《英国专利法》明确规定"雇员（发明人、设计人）的发明应被认为属于雇主（单位）所有"，[①] 雇员（发明人、设计人）做出的不属于前述职务发明范畴的发明创造则属于雇员（发明人、设计人）所有。在"雇主优先"的立法模式下，加之以相对宽泛的职务发明范畴界定，英国职务发明专利权益分享制度"厚雇主主义"的倾向极其严重。在"雇主优先"立法模式下，职务发明创造的专利权归属机制往往相对比较简单，并不需要建立雇员（发明人、设计人）向雇主（单位）转让职务发明专利权或申请专利之权利的继受机制。因此，在"雇主优先"立法模式本身具有的强烈的"厚雇主主义"价值倾向的情况下，保障雇员（发明人、设计人）获得奖励和报酬的权利就显得尤为重要。也正是基于此，在《英国专利法》中，第40~42条都是关于雇员（发明人、设计人）获得奖励和报酬权利的规定，其根本目的在于通过合理的利益分配机制来实现雇主（单位）与雇员（发明人、设计人）之间的利益平衡。

（三）英国对雇员（发明人、设计人）奖酬的保障

关于雇员（发明人、设计人）获得奖励和报酬权利的保障问题，《英国专利法》第40条规定"职务发明对雇主（单位）具有显著的收益的，雇主（单位）应向雇员（发明人、设计人）给付合理的报酬"。因而，职务发明的报酬只有在发明"有显著的收益"的情况下才会产生。与此同时，英国判例法进一步强化了雇员（发明人、设计人）关于其职务发明对企业收益具有显著贡献的证明责任，[②] 如在 Memco – Med Limited 专利案中，法院在雇员（发明人、设计人）不能证明其职务发明对于特定产品利润有显著贡献时，不给

① 参见《英国专利法》第39条第1款之规定。
② 刘强. 英国职务发明奖酬制度的发展及其对我国的借鉴［M］//专利法研究（2012）. 北京：知识产权出版社，2013：23–33.

予其奖酬。① 这种由雇员（发明人、设计人）承担证明责任的制度设计，在实践中往往难以真正实现其立法目的，因为在职务发明法律关系中，雇员（发明人、设计人）本身就处于弱势地位，基于劳动关系而依附于雇主（单位），往往为维持其与雇主（单位）之间的劳动关系放弃对雇主（单位）"有显著的收益"的证明。因此，可以说，虽然《英国专利法》规定了雇员（发明人、设计人）获得职务发明报酬的权利，但是在实践过程中这一权利基本形同虚设，难以获得有力保障。

　　与此同时，《英国专利法》还规定，在职务发明专利实施过程中，如果雇主（单位）从职务发明专利取得利益或可望取得利益，以及雇主（单位）通过职务发明专利转让或许可取得利益或可望取得利益，则雇员（发明人、设计人）可获得雇主（单位）所得利益或可望取得的利益中的合理份额。② 此外，在确定雇员（发明人、设计人）可获得之雇主（单位）所得利益或可望取得的利益的合理份额时，《英国专利法》还规定了详细考量要素：（1）雇员（发明人、设计人）工作性质、工作报酬和其已得到的其他利益；（2）雇员（发明人、设计人）完成该发明所付出的努力和技能；（3）其他共同完成该发明的努力和技能，共同发明人之外的另一雇员（发明人、设计人）所提供的建议和帮助；（4）雇主（单位）提供的建议、设备和其他帮助，以及雇主（单位）在研发过程中的贡献。③ 对职务发明报酬严格的"显著受益"指标和雇员（发明人、设计人）可获雇主（单位）实施职务发明收益之合理份额的复杂考量因素，进一步加剧了英国职务发明专利权益分享制度的"厚雇主主义"倾向。《英国专利法》第 42 条规定："在合同签订日以后，雇主（单位）缩减雇员（发明人、设计人）对其所完成的职务发明之权利行为无效。"在英国"厚雇主主义"的职务发明专利权益分享制度体系下，

---

① Memco - Med Limited's Patent, Reports of Patent, Design and Trade Mark Cases, 1992, 109 (17)：403 - 420. 转引自刘强. 英国职务发明奖酬制度的发展及其对我国的借鉴［M］//专利法研究 (2012)．北京：知识产权出版社，2013：25.

② 参见《英国专利法》第 41 条第 1 款之规定。

③ 参见《英国专利法》第 41 条第 4 款之规定。

这一规定是为数不多保障雇员（发明人、设计人）合法权益的条款。因此，可以说，《英国专利法》对雇员（发明人、设计人）的获得奖励和报酬权利的保障十分欠缺，这在很大程度上反映了其职务发明专利权益分享制度的强烈的"厚雇主主义"倾向。

二、"雇主优先"模式下的法国职务发明专利权益分享制度

作为"雇主优先"立法模式的典型代表，法国的职务发明专利权益分享制度规定于《法国知识产权法典》工业产权部分第 611 - 7 条，该条规定职务发明的发明人是雇员（发明人、设计人），但在做出有利于雇员（发明人、设计人）之约定的情况下，雇主（单位）可以原始取得职务发明的工业产权证书。此外，为确保职务发明法律关系的稳定性，该条还规定雇员（发明人、设计人）和雇主（单位）达成的有关职务发明的约定在形式要件上具有书面要式的要求，否则无效。①

（一）法国职务发明的基本概念界定

《法国知识产权法典》同《德国雇员发明法》一样，以雇员（发明人、设计人）发明作为职务发明创造概念界定的逻辑起点，但不同的是，法国将雇员（发明人、设计人）发明划分为任务发明和非任务发明。② 其中，任务发明是指"雇员（发明人、设计人）执行与其实际职务相应的发明任务的工作合同，或者从事雇主（单位）明确赋予的研究和开发任务而完成的发明"③，其余的雇员（发明人、设计人）发明则为非任务发明，而非任务发明还可以进一步区分为"任务之外可归属雇主（单位）的发明"和"任务之外不可归属雇主（单位）的发明"。④

如图 4 - 8 所示，《法国知识产权法典》中所规定的雇员（发明人、设计人）发明同《德国雇员发明法》一样，都是包含职务发明和雇员（发明人、

---

① 参见《法国知识产权法典》第 611 - 7 条第 3 款之规定。
② 陈驰. 法国的雇员发明制度及其对我国的启示 [J]. 江西社会科学，2008（2）：168 - 173.
③ 参见《法国知识产权法典》第 611 - 7 条第 1 款前段之规定。
④ 何敏，肇旭. 职务发明类分之中外比较与研究 [J]. 科技与法律，2009（3）：17 - 20.

设计人）自由发明的广义概念，而《法国知识产权法典》中的任务发明概念与职务发明的内涵与外延并不完全等同，职务发明应当包括任务发明和非任务发明中的"任务之外可归属雇主（单位）的发明"。易言之，在《法国知识产权法典》的框架下，职务发明创造包含"履行职务"所完成的发明创造（任务发明）和"利用资源"所完成的发明创造［任务之外可归属雇主（单位）的发明］，由此看来，《法国知识产权法典》对于职务发明创造的概念界定也采用的是"二元论"的立法模式。而"任务之外不可归属雇主（单位）的发明"则应该属于自由发明的范畴。相比《德国雇员发明法》对于雇员（发明人、设计人）发明之职务发明与自由发明的分类，《法国知识产权法典》虽然采用任务发明和非任务发明的分类，但是，由于法国对非任务发明的进一步细分，对于职务发明概念界定在实质上是与《德国雇员发明法》之界定是相同的。①

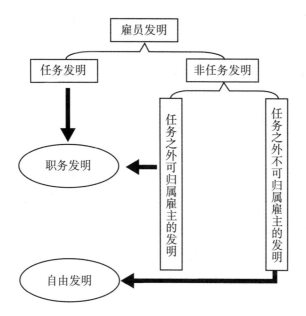

图 4 - 8　法国雇员发明分类及归属示意图

① 刘鑫. 德、法职务发明权属机制比较研究及对我国的启示 [J]. 上海政法学院学报（法治论丛），2017（6）：132 - 141.

（二）法国职务发明的相关权利配置

作为"雇主优先"立法模式的典型代表，《法国知识产权法典》规定雇主（单位）可以原始取得职务发明创造的专利权等相关财产权利。但是，在法国的职务发明创造的框架中，任务发明与任务之外可归属雇主（单位）之发明的专利权归属规则略有不同，其中任务发明直接归属于雇主（单位）①，而"任务之外可归属雇主（单位）的发明"基于雇员（发明人、设计人）执行职务原因、企业经营范围需求以及利用工作经验和工作便利等因素，雇主（单位）有权选择要求雇员（发明人、设计人）让与全部或部分工业产权（主要是专利权或申请专利的权利）②。

具体说来，对于"任务之外可归属雇主（单位）的发明"的专利权归属问题，法国也设定了一个"报告—声明"机制，如图4-9所示，雇员（发明人、设计人）应当自发明完成之日向雇主（单位）报告其发明的情况。雇主（单位）则应当自收到员工发出的发明声明之日起四个月内作出声明，如果雇主（单位）积极主张权利，则其可以取得该发明创造的全部或部分的专利权或者申请专利的权利；如果雇主（单位）放弃该权利，则专利权不溯及既往地回到雇员（发明人、设计人）手中。③ 此外，只有不属于职务发明范畴的"任务之外不可归属雇主（单位）的发明"才直接归属于雇员（发明人、设计人）。由此看来，在法国"雇主优先"的职务发明专利权益分享制度体系下，雇主（单位）占据了法律关系的主动，雇员（发明人、设计人）则不得不依附于雇主（单位），"厚雇主主义"的倾向暴露无遗。因此，在法国的职务发明专利权益分享制度的运行过程中，同采取"雇主优先"立法模式的英国一样，亟须加强对雇员（发明人、设计人）获得奖励和报酬之权利的保障，从而维护处于相对弱势地位的雇员（发明人、设计人）的合法权益。

---

① 参见《法国知识产权法典》第611-7条第1款前段之规定。
② 参见《法国知识产权法典》第611-7条第2款前段之规定。
③ 何蓉. 法国的职务发明专利归属制度简析［J］. 重庆科技学院学报（社会科学版），2016（4）：23-25.

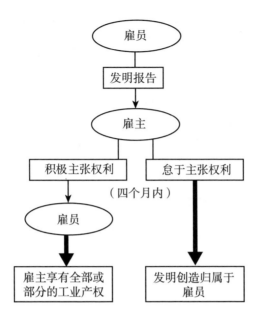

图 4-9 《法国知识产权法典》发明报告制度示意图

（三）法国对雇员（发明人、设计人）奖酬的保障

在法国职务发明利益分配规则下，一般来说，基于任务发明是为完成实际工作之任务所作出的发明创造，雇员（发明人、设计人）仅可获得劳动合同所约定之报酬，但是法律允许雇员（发明人、设计人）可以"依据集体合同、企业协议和个体劳动合同规定的条件享受额外报酬"。[①] 而对于"任务之外可归属雇主（单位）的发明"雇员（发明人、设计人）应获得合理的奖金，奖金的金额由雇主（单位）和雇员（发明人、设计人）协商确定。[②] 为保证合同约定过程中雇员（发明人、设计人）的合法权益，《法国知识产权法典》第 611-7 条在构建职务发明规则时，设定了职务发明必须作出"有利于雇员（发明人、设计人）之约定"的限制，这一规则的设立在很大程度上缓解法国"厚雇主主义"的职务发明专利权归属机制在制度设计上的负面影响。此外，《法国知识产权法典》还规定了职务发明权益分配争议的救济

---

① 参见《法国知识产权法典》第 611-7 条第 1 款前段之规定。
② 参见《法国知识产权法典》第 611-7 条第 2 款后段之规定。

途径，对于雇主（单位）不遵守任务发明额外报酬之约定以及雇员（发明人、设计人）和雇主（单位）无法就任务之外可归属雇主（单位）的发明之合理奖金达成合意之情形，由该法第 615 - 21 条设立的调解委员会或者大审法院予以管辖。[①] 而救济途径的明确和可行则是雇员（发明人、设计人）获得奖酬权利的最有力保障。

第三节　职务发明专利权益分享制度的比较法经验归纳及梳解

职务发明专利权益分享制度作为一种重要的创新激励机制，在当今社会发挥着越来越重要的作用。纵观世界典型国家的职务发明专利权益分享制度，不同国家在职务发明的基本概念界定和相关权利配置等方面的规定各不相同，但从制度运行的本质来看，在各个国家所创设职务发明专利权益分享制度中有很多共同之处。鉴于此，下面将对前述五个国家的职务发明专利权益分享制度设计与运行的相关经验加以归纳和总结，并提出对构建和完善我国职务发明专利权益分享制度的启示。

一、职务发明专利权益分享制度设计与运行的比较经验梳理

在典型国家的职务发明专利权益分享制度中，无论是美国、德国及日本等采用"雇员优先"模式的典型代表，还是英国、法国等采用"雇主优先"模式的典型代表，都能够为我国构建和完善职务发明专利权益分享制度提供重要的立法经验。为了使五个国家的宝贵经验更具有系统性，更好地指导我国的制度设计，下面将从职务发明的概念界定方式、权利配置模式来进行详细的归纳和总结。

---

① 参见《法国知识产权法典》第 611 - 7 条第 1 款后段和第 2 款后段之规定。

（一）各个国家的职务发明概念界定

在职务发明的概念界定方面，各个国家的规定各不相同，在概念的内涵和外延上有诸多差别。在前述的五个典型代表中，虽然每个国家对于职务发明的定义和分类不尽相同，但是对于职务发明范畴的界定则有很多相同之处，如表4-1所示，美国和日本采取严格的单一"履行职务"要件作为职务发明的认定标准，而其他国家则依据"履行职务"和"利用资源"的双重标准来界定职务发明。概言之，美国和日本为"一元论"的职务发明概念界定标准，而德国、英国、法国为"二元论"的职务发明概念界定标准。

表4-1 典型国家（地区）职务发明概念界定总结

模式	代表国家（地区）	界定标准		备注
		"履行职务"	"利用资源"	
"雇员优先"模式的典型代表	美国	O	X	"一元论"
	德国	O	O	"二元论"
	日本	O	X	"一元论"
"雇主优先"模式的典型代表	英国	O	O	"二元论"
	法国	O	O	"二元论"

（注：O表示"职务发明概念界定标准成立"；X表示"职务发明概念界定标准不成立"）

此外，在前述国家之中，德国和法国对于职务发明的概念界定，有诸多相似之处，也有诸多差异之处，尤其值得关注。具体说来，两国都将雇员（发明人、设计人）发明作为职务发明的上位概念，但是在具体分类过程中又不尽相同，德国将雇员（发明人、设计人）发明分为职务发明和自由发明，法国则将雇员（发明人、设计人）发明分为任务发明和非任务发明，虽然两国法律的分类标准并不一致，但对于职务发明创造范围的界定则基本相同。如图4-10所示，德国和法国均采用"二元论"的"履行职务"要件和"利用资源"要件作为职务发明的界定标准，但是两国对于这两大要件的具体分类方式不同，按照德国职务发明和自由发明的分类方式，职务发明可以涵盖"履行职务"所完成的职务发明和"利用资源"所完成的职务发明；而按照法国任务发明和非任务发明的分类，任务发明只包括"履行职务"所完成的职务发明，而"利用资源"所完成的职务发明则需要对非任务发明进一步进行细分，即为"任务之外可归属雇主（单位）的发明"和"任务之外不可归属雇主和发明"。

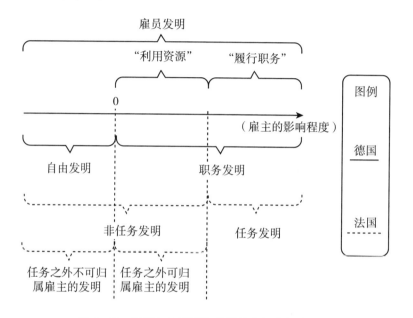

图4-10 德国与法国职务发明基本概念界定对比

总之，在职务发明的概念界定方面，虽然各个国家的法律规定不尽相同，但是对于职务发明范畴的认定均以"履行职务"要件为基本准则，其中，采用"一元论"界定模式的美国和日本奉行严格的"履行职务"标准，而采用"二元论"的德国、英国、法国则在实行"履行职务"为基本标准的同时，兼采"利用资源"标准的界定机制。

（二）各个国家的职务发明权利配置

在职务发明的权利配置上，各个国家存在"雇员优先"和"雇主优先"两种模式。具言之，美国、德国及日本作为"雇员优先"模式的典型代表，职务发明创造的专利权等相关财产权利由雇员（发明人、设计人）原始取得；英国、法国作为"雇主优先"模式的典型代表，职务发明创造的专利权等相关财产权利由雇主（单位）原始取得。这两种模式在制度设计和运行中存在较大差异，各有优势和不足，但两者的目标和宗旨都在于合理地配置职务发明创造的专利权等相关财产权利。

在"雇员优先"模式中，雇员（发明人、设计人）是职务发明创造的初始权利人，在很多时候，雇员（发明人、设计人）可以决定一项职务发明创造的命运，这体现了对智力劳动的尊重，对人本理念的崇尚。但是，对于职务发明创造来说，其研究开发和转化运用都是由雇主（单位）所推动的，尤其是在当今发明创造高投入、高风险的情况下，脱离了雇主（单位）的支持与保障，单靠雇员（发明人、设计人）的智力劳动是难以产生新的发明创造的。因而，在实践中，雇主（单位）为保证其经济利益的实现，就产生职务发明创造的专利权等相关财产权利由雇员（发明人、设计人）让与雇主（单位）的现实需要。鉴于此，采用"雇员优先"模式的国家纷纷寻求将职务发明的权属由雇员（发明人、设计人）向雇主（单位）转化的机制。如图4-11所示，美国在职务发明专利权归属于雇员（发明人、设计人）的法定规则之外，引入了"发明预先转让协议"，在研发前，即通过协商，使雇员（发明人、设计人）将职务发明未来的专利权让与雇主（单位）；德国设立发明报告制度，通过"报告—声明"程序来确认职务发明的归属，确保雇主（单位）成为职务发明创造的合法权利人，化解法律冲突；日本则在2015年

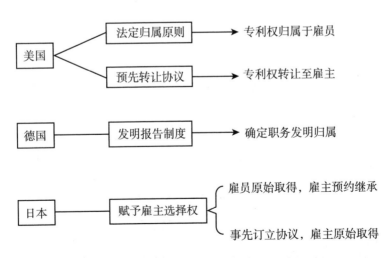

图4-11 美、德、日三国职务发明专利权属示意图

《日本专利法》修改后，赋予雇主（单位）以选择权，由雇主（单位）选择采用原有的权属模式还是事先订立协议取得职务发明创造的专利权。美国、德国及日本作为"雇员优先"模式的典型代表，在制度完善中均制定或引入了职务发明创造专利权及相关财产权利由雇员（发明人、设计人）让与雇主（单位）的机制，这种做法在很大程度上动摇了"雇员优先"立法模式保障雇员（发明人、设计人）智力劳动的初衷，呈现出"厚雇主主义"的价值取向。①

在"雇主优先"模式中，职务发明创造的专利权等相关财产权利原则上归属于雇主（单位），因而，也就无须像美国、德国、日本等采用"雇主优先"模式的国家一样，构建职务发明创造的权属移转机制。如图4-12所示，英国、法国作为"雇主优先"模式的典型代表，其制度设计具有严重的"厚雇主主义"倾向。《英国专利法》明确职务发明创造的专利权及申请专利的专利权归属于雇主（单位）；相比之下，法国在制度设计上"厚雇主主义"倾向较轻，并没有将职务发明创造的权利直接赋予雇主（单位），而是对"履行职务"所完成的职务发明创造和"利用资源"所完成的职务发明创造区别对待，其中，前者专利权直接归属于雇主（单位），而后者则需通过发明报告机制来确定权属，在一定程度上兼顾了雇员（发明人、设计人）的利益。

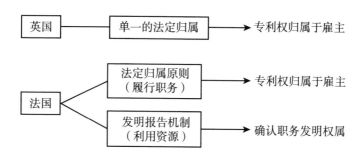

图4-12 英国、法国职务发明专利权属示意图

---

① 和育东. 美、德职务发明专利权益分享制度中的"厚雇主主义"趋势及其借鉴 [J]. 知识产权，2015（11）：115-121.

二、职务发明专利权益分享制度设计与运行的比较经验借鉴

比较法研究作为一种重要的法学研究方法，具有多种作用，如提高对法律本质的认识、提供立法参考资料、促进国家交流与贸易等。为我国立法提供参考资料则是进行职务发明专利权益分享制度立法比较研究的根本目的之所在。通过对前述五个国家职务发明专利权益分享制度的立法经验的归纳和总结，得出诸多我国构建和完善职务发明专利权益分享制度过程中可以借鉴的经验，下面将从职务发明创造的概念界定、职务发明创造的权利配置、发明报告机制的制度设计三个方面分述之。

（一）职务发明创造的概念界定

在职务发明创造的概念界定方面，我国目前采取的是"二元论"的立法模式，即职务发明创造包括"履行职务"和"利用资源"两种类型，与德国、英国、法国等"二元论"的典型代表在职务发明范畴的界定上差异不大。但是，在具体概念上，我国同德国、法国等国家存在一些差异，就以"职务发明"这一术语来说，我国《专利法》在立法之初基于公有制的计划经济体制，不存在"雇主—雇员"式的劳资关系，故无法使用各国普遍运用的"雇员发明"的说法。[①] 此外，也正是由于《专利法》制定之时，我国还不存在"雇主—雇员"式的劳资关系，因而，职务发明法律关系的当事人就没有"雇主"与"雇员"的称谓，而是以"单位"和"发明人、设计人"来代替。诚然，随着我国社会主义市场经济改革的深化，"雇主—雇员"式的劳资关系在我国诞生，"职务发明"与"雇员发明"及"单位—发明人"与"雇主—雇员"在内涵上已基本没有差别，但是在我国《专利法》的修改过程中并未对前述带有计划经济烙印的术语和称谓作出修改。同样，对原有术语和称谓的保留，并不会造成制度运行的混乱，在实施条例等法律解释的辅助下，职务发明法律关系的当事各方完全可以了解这些术语和称谓的新内

---

① 金海军.知识产权实证分析［Ⅰ］：创新、司法与公众意识［M］.北京：知识产权出版社，2015：27.

涵。由此看来，在职务发明创造的概念界定上，虽然我国立法存在一些计划经济的影子，但并不影响我国职务发明专利权益分享制度的正常运行，因此，可以说，对这些术语和称谓的修改并不是我国职务发明专利权益分享制度立法完善的刚性需求。

（二）职务发明创造的权利配置

在职务发明创造的权利配置方面，我国所采用的是"雇主优先"的立法模式，即职务发明创造的申请专利的权利由雇主（单位）原始取得，其中，"履行职务"之职务发明创造的申请专利的权利法定归属于单位，而"利用资源"之职务发明创造的申请专利的权利则可以由雇主（单位）和雇员（发明人、设计人）约定归属。① 在当下，"厚雇主主义"倾向在各国职务发明专利权益分享制度中盛行的情况下，采用"雇员优先"立法模式的美国、德国、日本在制度设计上也更加注重职务发明创造权属的移转，促进职务发明创造转化运用，因而，我国应该坚持"雇主优先"的立法模式，并不断完善职务发明的专利权益分享制度，扩大约定归属的范围，引入发明报告机制，构建多元的职务发明创造的专利权归属确认机制。与此同时，我国也应注重保障雇员（发明人、设计人）获得奖励和报酬的权利，计划经济留下的单位强势地位仍然对当前有所影响，实践中，发明人的合法权益往往得不到有力的保障。而且，"雇主优先"的立法模式本身在制度设计上就很不重视雇员（发明人、设计人）的权利，因而，英国、法国等采用"雇主优先"立法模式的国家都制定了详细的雇员（发明人、设计人）奖酬规则，来保障雇员（发明人、设计人）获得奖励和报酬的权利。因此，我国在坚持采用"雇主优先"的立法模式，推动职务发明创造转化运用的同时，也应该注重雇员（发明人、设计人）合法权益的保护，通过提高奖酬金额和比例，制定多元化的奖酬机制来确保雇员（发明人、设计人）充分地享有获得奖励和报酬的权利，实现职务发明创造权利配置过程中各方利益的平衡。

---

① 刘鑫．德、法职务发明权属机制比较研究及对我国的启示 [J]．上海政法学院学报（法治论丛），2017（6）：132－141．

（三）发明报告机制的制度设计

在发明报告机制的制度设计方面，我国在当前正在向社会征求意见的《职务发明条例草案（送审稿）》中，为实现职务发明创造的合理权利配置，设立了职务发明的报告制度，引起社会各界的激烈讨论。纵观各国的职务发明专利权益分享制度，德国、法国的职务发明专利权益分享制度中都设定了发明报告制度，可以为我国职务发明报告机制的构建和完善提供立法借鉴。首先，在适用范围上，采用"雇员优先"模式的德国和采用"雇主优先"模式的法国有所不同，德国为实现职务发明创造专利及相关财产权利由雇员向雇主的移转，发明报告制度涉及全部雇员发明，包括"履行职务"所完成的职务发明、"利用资源"所完成的职务发明，也包括自由发明；基于"雇主优先"模式下，雇主（单位）对于"履行职务"所完成的职务发明的充分控制，法国的发明报告制度仅涉及"利用资源"所完成的职务发明。我国作为"雇主优先"模式的典型代表，为了避免制度成本的不必要增加，发明报告制度应当参照法国的制度设计，适用于"利用资源"所完成的职务发明，而不是像德国一样，适用于由雇员完成的全部发明创造。其次，在运行模式上，德国在其《德国雇员发明法》修订后由雇主（单位）须在指定期限的积极主张权利的制度模式，改为雇主（单位）消极不作声明即自动取得职务发明创造的专利权及相关财产权利；法国对于"利用资源"所完成的职务发明的报告机制，也采用的是雇主（单位）消极主张的模式，即只有雇主（单位）在指定期限内声明放弃权利，职务发明创造才归属于雇员（发明人、设计人）。鉴于此，我国在构建发明报告机制时，也应当采用雇主（单位）消极主张的制度运行模式，这不仅是对德国、法国制度运行经验的借鉴，同时也是基于消极主张的制度运行模式所具有的降低雇主（单位）注意义务、减少雇主（单位）经营成本、增强雇主（单位）对职务发明创造控制力等优越性的考虑。因此，通过对德国、法国相关经验的总结与解决，我国在构建发明报告机制的过程中，应当将适用范围限定在"利用资源"所完成的职务发明创造，并采用雇主（单位）消极主张的制度运行模式。

第五章

实证论：职务发明专利权益分享制度的
实施态势与经验总结

　　职务发明专利权益分享制度实证论，是指运用法律实证的研究方法，以职务发明专利权益分享实践中涌现的典型案例，以及相应的赋权改革试点样本为基础而进行的实证研究。正如美国的霍姆斯大法官所说，"法律的生命不在于逻辑，而在于经验"①。对于职务发明专利权益分享制度的论述与探讨也当然不能例外，在阐明法律价值、厘清规范位阶的同时，还需进一步了解制度运行的具体实施状况。为此，一方面应立足司法实践，以近年来职务发明权属纠纷和奖酬纠纷的典型类案为研究对象，就职务发明专利权益分享中各方主体之间的法律纠葛展开系统梳理；另一方面应结合当前职务发明赋权改革试点工作，对不同的政策样本予以比对分析，就其促进职务发明专利权益分享的具体实效予以客观评述。通过以上两个方面的实证研究，力求全面呈现职务发明专利权益分享制度的实施态势，并据此对相关实践经验进行必要的归纳总结，进而为后续的制度优化与规则完善提供充分且有效的实践参考与经验借鉴。

---

　　① "The life of the law has not been logic: it has been experience." See HOLMES O W. The Common Law [M]. Boston: Little, Brown and Company, 1933: 1.

第一节　职务发明专利权益分享实践中
涉及权属纠纷的类案分析

在职务发明专利权益分享实践中，财产权利的归属一直是社会各界争议与讨论的焦点问题。肇生于计划经济时代的我国职务发明制度，经历了由国家所有、单位持有到以法定规则为主、以约定规则为辅的专利权属模式转变，并在历次修法中不断完善，逐步实现与我国产业变革和技术革新需求的有效适配，但在具体运行实践中，仍然存在包括转化结构失调、激励机制失效和交易效率失衡等一系列问题。[1] 由此，为进一步理顺我国职务发明专利权益分享实践中的权属问题，笔者将以近年来的职务发明专利权属纠纷典型案例为对象展开实证研究，以期相对全面地反映出我国司法实践中职务发明专利权属纠纷案件审理与裁判的具体情况，从而为我国职务发明专利权属规则的完善与优化提供必要的实证依据。

一、职务发明专利权益分享所涉及权属纠纷的案例选取范围

对于职务发明专利权益分享所涉权属纠纷案例的选取，笔者在威科先行法律信息库中，以"职务发明＋专利权属"为关键词，对 2018—2023 年裁判文书进行检索，并经人工筛选，去除与主题关联性较弱的案件后，最终选取职务发明专利权属纠纷类案共 86 件。[2] 其中，已审结的终审案件仅选取二审与再审判决书，其余初审案件选取一审判决书。在此基础上，经过多个维度的统计梳理，所选取的上述 86 件职务发明专利权属纠纷案件在审理法院与来源地域分布，以及立案时间及案例类型分布方面的具体情况如下。

---

① 李雨峰，伯雨鸿. 职务发明权属的模式反思与制度重构 [J]. 重庆大学学报（社会科学版），2023（3）：224－236.

② 具体案例检索结果，参见"附录 1. 职务发明专利权属纠纷实证分析选用典型案例类目"。

（一）职务发明专利权属纠纷案例选取的审理法院与来源地域分布

为确保所选取案例的典型性与代表性，笔者在职务发明专利权属纠纷案例的人工筛选过程中重点关注级别较高的人民法院和知识产权专门法院所审理的相关案件。如图5-1所示，在86件职务发明专利权属纠纷案例中，有44件来源于最高人民法院，已超过案例总数的一半；另外，还有13件来源于高级人民法院（广东省高级人民法院3件、江苏省高级人民法院3件、福建省高级人民法院2件、上海市高级人民法院2件、浙江省高级人民法院1件、北京市高级人民法院1件、安徽省高级人民法院1件）、13件来源于知识产权专门法院（北京知识产权法院4件、上海知识产权法院5件、广州知识产权法院4件）、14件来源于中级人民法院（陕西省西安市中级人民法院2件、江苏省苏州市中级人民法院2件、福建省厦门市中级人民法院2件，其他中级人民法院各1件），三者在全部案例中的占比均在15%～18%。

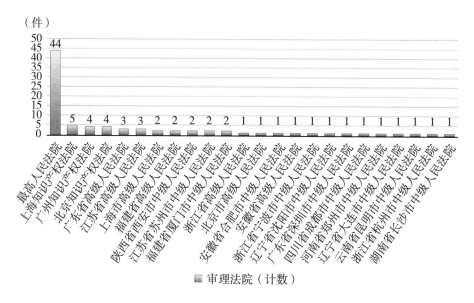

图5-1　职务发明专利权属纠纷选取案件审理法院分布

在此基础上，去除最高人民法院审理44件案例，各省（直辖市）之间在审理案件数量上也存在一定差异。如图5-2所示，从案件来源地域分布来看，广东省、上海市位列前两位，分别有8件、7件案例；北京市、江苏

省、福建省则紧随其后，前两者均有 5 件案例，福建省有 4 件案例；浙江
省有 3 件案例。其后，陕西省、安徽省、辽宁省、四川省、河南省、云南省
和湖南省则审理案件数较少，前三者各有 2 件案例，而其余四个省份各自仅
有 1 件案例。

（件）

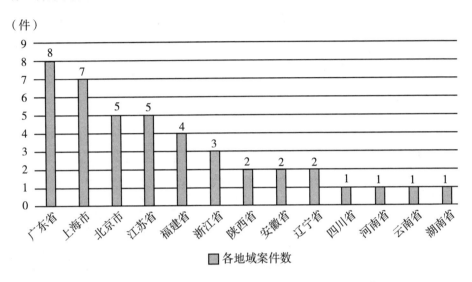

图 5－2 职务发明专利权属纠纷选取案件来源地域分布

（二）职务发明专利权属纠纷案例选取的立案时间及案例类型分布

在时间维度上，笔者对于职务发明专利权属纠纷案例选取聚焦于 2018—
2023 年的裁判文书，但由于职务发明专利权属纠纷案件的诉讼周期普遍较
长，因而 86 件案例的立案年份最早可以追溯到 2016 年，最晚可至 2023 年。
如图 5－3 所示，2016—2018 年，职务发明专利权属纠纷的案件数目虽相对
较少，但仍呈现出一定的上升趋势。直至 2019 年后，职务发明专利权属纠纷
的案件数目出现倍增，其中 2019—2021 年三年中相关案件数均在 19～22 件
不等。除此之外，由于 2022 年与 2023 年立案的相关案件大多尚未审结，因
此以判决书为检索条件所得的案例数较少。

进一步从所选取案件涉及职务发明专利权属纠纷的具体类型来看，大体
可以划分为发明专利权属纠纷与实用新型专利权属纠纷，而在发明专利权属
纠纷中又可继续区分出专利权权属纠纷和专利申请权权属纠纷。如图 5－4 所

示，通过对相关案件判决书中载明纠纷类型的摘录收集，以及在判决书未言明情况下结合案情的合理归纳，可以具体纠纷事由为标准，对86件案例展开类型划分。其中有68件（共占比79%）案例属于发明专利权属纠纷中的专利权权属纠纷，有12件（共占比14%）的案例属于发明专利权属纠纷中的专利申请权权属纠纷，另有4件（共占比5%）的案例属于实用新型专利权权属纠纷。除此之外，还有2件（共占比2%）的案例于裁判书中载明纠纷类型为专利权权属、侵权纠纷。

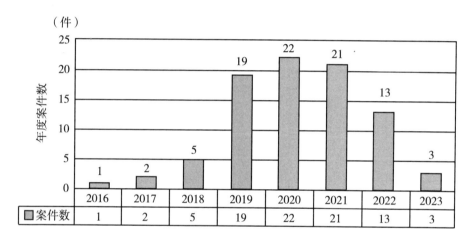

图5-3 职务发明专利权属纠纷选取案件立案年份分布

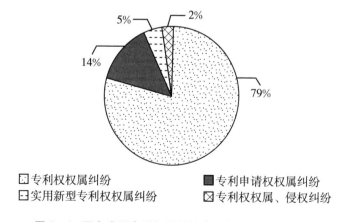

图5-4 职务发明专利权属纠纷选取案件纠纷类型统计

二、职务发明专利权益分享所涉及权属纠纷的处置规律梳解

在明确职务发明专利权益分享所涉权属纠纷的案例选取范围后，便可结合前述 86 件案例的具体案情与裁判进路，分别从法律依据、争议焦点、审理程序、裁判结果等方面展开纠纷处置方式归纳与梳理，力求能够挖掘出职务发明专利权益分享所涉权属纠纷处置的实证规律，从而为相关法律规范的优化与完善提供关键的实践参考。

（一）职务发明专利权属纠纷案件的法律依据与争议焦点

对于职务发明专利权属纠纷案件而言，当事人所争议的核心问题即在于发明创造的权利归属，而直接影响权利归属的因素则源于发明创造是否属于职务发明的认定与评判。如图 5-5 所示，在笔者所选取的 86 件职务发明专利权属纠纷案例中，绝大多数案例的争议焦点为"涉案专利是否属于职务发明"。与此同时，另有 3 件案件的判决中指出，需要审查涉案专利是否属于职务发明，抑或是否属于受委托完成的发明创造。此外，还有 2 件案例在职务发明专利权属之外涉及第三人是否构成善意取得的问题，以及 1 件案例存在被告是否属于恶意放弃专利权的争议。

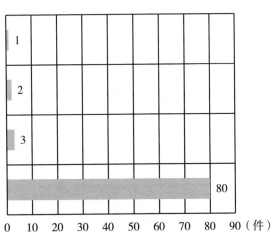

图 5-5　职务发明专利权属纠纷选取案件争议焦点统计

在此基础上，针对职务发明专利权属纠纷案件核心争议焦点"涉案专利是否属于职务发明"，司法实务中则往往会援引我国《专利法》第 6 条作为基础性的法律依据。如图 5-6 所示，在笔者所选取的 86 件职务发明专利权属纠纷案件中，共引用与专利确权相关的实体法条 184 次，其中我国《专利法》（含历次修正）第 6 条引用次数最多，达到了 81 次；《专利法实施细则》（含历次修正）第 12 条次之，引用次数为 73 次；另外，引用次数 5～15 次的包括《专利法》（含历次修正）第 8 条、第 65 条和《专利法实施细则》（含历次修正）第 13 条。除上述法条之外，也有案件在审理过程中引用了《中华人民共和国侵权责任法》（含历次修正）（已废止）第 6 条、《中华人民共和国合同法》（含历次修正）（已废止）第 363 条、《中华人民共和国民法典》第 123 条、《专利法实施细则》（含历次修正）第 11 条等法条，但引用次数较低，均只有 1 次。

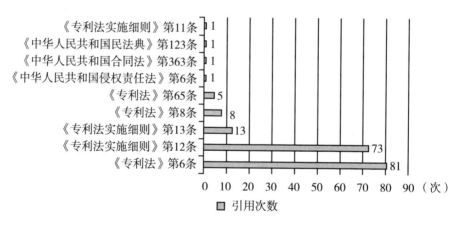

图 5-6　职务发明专利权属纠纷选取案件引用法条（实体法）统计

（二）职务发明专利权属纠纷案件的审理程序与裁判结果

经过对案例审理程序的归纳与统计，可以发现，在所选取 86 件职务发明专利权属纠纷案例中，有一审案例 29 件，共占比 34%；二审案例 56 件，再审案例 1 件，均为终审判决，共占比 66%。如图 5-7 所示，进一步对二审案例的裁判结果予以梳理，则可以发现绝大多数判决维持原判，仅有 9% 的二审判决撤销改判。另外，还有少部分二审判决部分维持原判，但并未改变原判认定的权利归属情况。除此之外，特别予以说明的是，仅有的 1 例再审案例中，再审判决同样维持了原审判决。

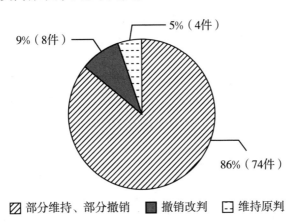

图 5 - 7　职务发明专利权属纠纷选取案件二审裁判结果统计

如图 5 - 8 所示，基于所选取职务发明专利权属纠纷案件中涉及的二审程序大多得到了维持原判的裁判结果，对二审维持原判后的权利归属情况予以进一步统计，可以发现有 36 件维持原判的二审案件认定涉案专利属于原单位职务发明，而仅有 10 件维持原审判决的二审案件作出了涉案专利不属于原单位职务发明的裁决。这一结果在很大程度上也反映出我国职务发明专利权属"单位优先"的基本架构，以及法律规则具体适用过程中由"单位优先"权属模式所诱发的"厚单位主义"的潜在实践倾向。

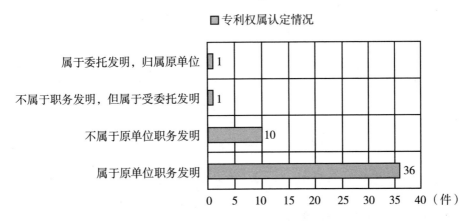

图 5 - 8　选取案件中二审维持原判后权利归属认定情况统计

在此基础上，进一步对所选取的86件职务发明专利权属纠纷案例的裁判结果予以分析，可以发现，在以自然人（发明人、设计人）和法人（单位）为基本当事人的职务发明专利权属纠纷案件中，当事人的类型能够根据具体案件情形再次细分为原单位、离职员工、离职员工新任职单位、受委托单位和受让单位/人四种类型。① 如图 5－9 所示，在所选取的86件案例中，涉及原单位、离职员工、离职员工新任职单位的案例共有 53 件，所占比例为62%；仅涉及原单位与离职员工的案例有 25 件，所占比例为 29%，上述两种涉案主体情况涵盖了职务发明专利权属纠纷案的主要类型。此外，还存在

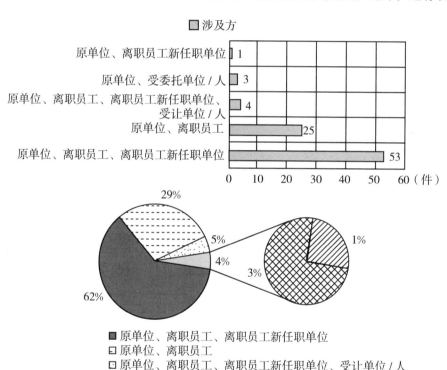

图 5－9　职务发明专利权属纠纷选取案件涉案主体情况统计

① 为了方便统计，在多主体参与诉讼的情况下，研究中将诉讼地位和身份属性相近的多个当事人统一归结为一类涉案主体，例如将具有离职员工身份并一同参与诉讼的多位"共同发明人"统称为"离职员工"。

同时涉及原单位、离职员工、离职员工新任职单位以及专利受让单位/人的情况，此类案例共有4件。另有3件案例涉及原单位和受委托单位/人，在此类案例中通常存在涉案专利是属于职务发明还是委托发明的巨大争议。仅有1例案例未将离职员工列为诉讼当事人，而是在原单位和离职员工新任职单位之间直接提起诉讼。由此可见，在实践中，错综复杂的职务发明专利权属纠纷往往发生在发明人、设计人离职之后，且涉及多方主体之间的多重利益纠葛。这无疑也对裁判者提出了更高的要求，他们只有从具体发明创造活动出发，根据个案情形厘清各方主体之间的法律关系，才能真正实现职务发明专利权属纠纷的有效处置。

第二节　职务发明专利权益分享实践中
涉及奖酬纠纷的类案分析

在职务发明专利权益分享实践中，如何给予发明人、设计人以合理的奖励与报酬也同样是备受关注的重点问题。当前，我国现行职务发明奖酬规范由不同机构分别设置，缺乏必要的衔接与恰当的体系，在具体的适用中，相关法律规则往往会因诸多的不一致及不合理问题而影响职务发明奖酬的有效实现，制约职务发明奖酬纠纷的有序解决。[①] 由此，为进一步理顺我国职务发明专利权益分享实践中的奖酬问题，笔者将以近年来的职务发明专利奖酬纠纷典型案例为对象展开实证研究，以期相对全面地反映我国司法实践中职务发明专利奖酬纠纷案件审理与裁判的具体情况，从而为我国职务发明专利奖酬规则的完善与优化提供必要的实证依据，实现对发明人、设计人获得奖励和报酬权益的充分保障。

---

① 何敏，刘胜红. 论职务发明奖酬立法的优化思路及具体措施 [J]. 科技与法律（中英文），2021（4）：1-9.

一、职务发明专利权益分享所涉及奖酬纠纷的案例选取范围

对于职务发明专利权益分享所涉权属纠纷案例的选取，笔者在威科先行法律信息库中，以"职务发明＋奖励"和"职务发明＋报酬"为关键词，对2018—2023年裁判文书进行检索，并经人工筛选，去除与主题关联性较弱的案件后，最终共选取职务发明专利权属纠纷类案共40件。①在此基础上，经过多个维度的统计梳理，所选取的上述40件职务发明专利奖酬纠纷案件在审理法院与来源地域分布，以及立案时间及案例类型分布方面的具体情况如下。

（一）职务发明专利奖酬纠纷案例选取的审理法院与来源地域分布

为确保所选取案例的典型性与代表性，笔者在职务发明专利奖酬纠纷案例的人工筛选过程中的关注焦点也主要集中于级别较高的人民法院和知识产权专门法院所审理的相关案件。如图5－10所示，在40件职务发明专利奖酬纠纷案例中，有13件来源于最高人民法院，占案例总数的33%；另外，有

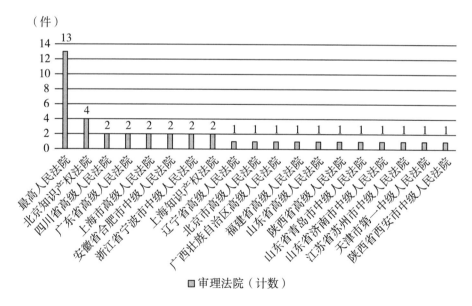

图5－10 职务发明专利奖酬纠纷选取案件审理法院分布

---

① 具体案例检索结果，参见"附录2. 职务发明专利奖酬纠纷实证分析选用典型案例类目"。

12 件来源于高级人民法院（四川省高级人民法院 2 件、广东省高级人民法院 2 件、上海市高级人民法院 2 件、辽宁省高级人民法院 1 件、北京市高级人民法院 1 件、广西壮族自治区高级人民法院 1 件、陕西省高级人民法院 1 件、福建省高级人民法院 1 件、山东省高级人民法院 1 件），占案例总数的 30%；此外，还有 9 件来源于中级人民法院（安徽省合肥市中级人民法院 2 件、浙江省宁波市中级人民法院 2 件，其他中级人民法院各 1 件），以及 6 件来源于知识产权专门法院（北京知识产权法院 4 件、上海知识产权法院 2 件），分别占到案例总数的 22% 和 15%。

在此基础上，去除最高人民法院审理的 13 件案例，各省（直辖市）之间在审理案件数量上也存在一定差异。如图 5–11 所示，从案件来源地域分布来看，北京市和上海市并列第一，分别为 5 件案例。山东省紧随其后，共 3 件案例。其后，四川省、浙江省、安徽省、广东省、陕西省、辽宁省、广西壮族自治区、江苏省、天津市和福建省则审理案件数较少，前五者各有 2 件案例，而其余五个省份各自仅有 1 件案例。由此，不难发现，职务发明专利奖酬纠纷案例的选取在很大程度上也反映出与权属纠纷案例相类似的情形，即案例相对集中在科技创新能力较强的地域。虽然在案例筛选中受到检索条件制约未能全面收集相关案件，但其也能间接地展现出我国职务发明专利权属纠纷案件来源地域分布的基本形态与现实状况。

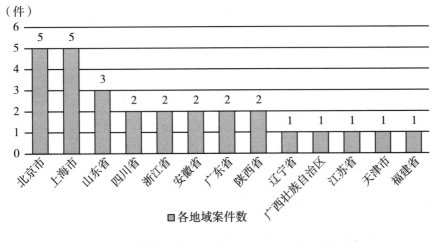

图 5–11　职务发明专利奖酬纠纷选取案件来源地域分布

（二）职务发明专利奖酬纠纷案例选取的立案时间及案例类型分布

在时间维度上，笔者对于职务发明专利奖酬纠纷案例的选取也同样聚焦2018—2023 年的裁判文书。受到案例检索条件的限制，40 件案例的立案年份大部分都集中在 2019—2023 年，仅 4 件案件的立案年份在 2018 年。如图 5 - 12 所示，职务发明专利奖酬纠纷案件的立案数量峰值也和权属纠纷一样，都呈现在 2019 年，随后便出现下降趋势。之所以出现这一情况，或许是因为专利案件审理周期相对较长，2021—2023 年立案的相关案件大多尚未审结，以判决书为检索条件所得的案例数量可能会相对较少。

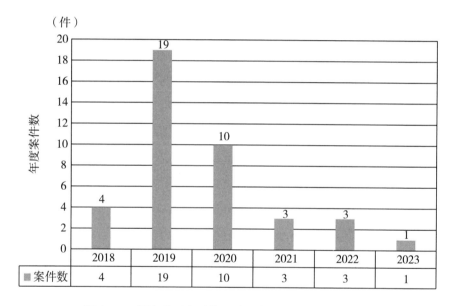

图 5 - 12　职务发明专利奖酬纠纷选取案件立案年份分布

进一步从所选取案件涉及职务发明专利奖酬纠纷的具体类型来看，大体可以划分为职务发明报酬纠纷与职务发明奖励纠纷。与此同时，在实践中，很多案件会同时涉及职务发明报酬纠纷和奖励纠纷。如图 5 - 13 所示，通过对相关案件判决书中载明纠纷类型的摘录收集，以及在判决书未言明情况下结合案情的合理归纳，可以具体纠纷事由为标准对 40 件案例展开类型划分。其中有 19 件案例对职务发明奖励和报酬纠纷均有涉及，占到案例总数的

47.5%；16 件属于职务发明报酬纠纷，占到案例总数的 40%；剩余 5 件属于职务发明奖励纠纷，占到案例总数的 12.5%。

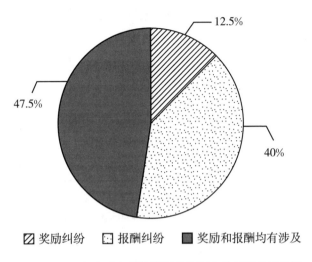

图 5 - 13　职务发明专利奖酬纠纷选取案件纠纷类型统计

二、职务发明专利权益分享所涉及奖酬纠纷的处置规律梳解

在明确职务发明专利权益分享所涉奖酬纠纷的案例选取范围后，便可结合前述 40 件案例的具体案情与裁判进路，分别从争议焦点、法律依据、审理程序、裁判结果等方面展开纠纷处置方式归纳与梳理，力求能够总结出职务发明专利权益分享所涉奖酬纠纷处置的实证规律，从而为相关法律规范的优化与完善提供重要的实践指引。

（一）职务发明专利奖酬纠纷案件的争议焦点与法律依据

对于职务发明专利奖酬纠纷案件而言，当事人所争议的核心问题即在于单位是否应当给予发明人、设计人奖励或报酬，以及单位给予发明人、设计人奖励或报酬形式和数额。如图 5 - 14 所示，在笔者所选取的 40 件职务发明专利奖酬纠纷案例中，主要涉及的争议焦点有以下五项，即"案由是否为职务发明报酬、奖励纠纷"、"奖励、报酬如何认定"、"奖励、报酬数额是否适当"、"奖励、报酬请求权是否超过诉讼时效"以及"被告是否应当支付奖励、报酬"。其中，"被告是否应当支付奖励、报酬"和"奖励、报酬数额是否适当"两大争议焦点出现频次较多，分别有 16 件和 15 件案例涉及。与此同时，有 10 件案例涉及诉讼时效问题的讨论。此外，涉及"奖励、报酬如何认定"和"案由是否为职务发明报酬、奖励纠纷"的案例则相对较少，分别为 5 件和 2 件。

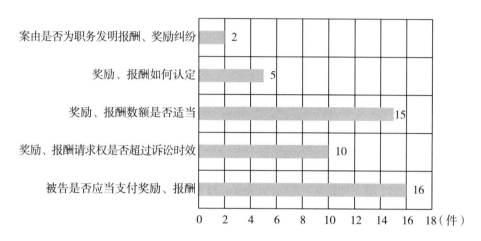

图 5-14 职务发明专利奖酬纠纷选取案件争议焦点统计

在此基础上，针对职务发明专利奖酬纠纷案件两大关键争议焦点"被告是否应当支付奖励、报酬"和"奖励、报酬数额是否适当"，司法实务中则往往会援引我国《专利法》第 15 条作为基础性的法律依据。如图 5-15 所示，在笔者所选取的 40 件职务发明专利奖酬纠纷案件中，共引用与专利确权相关的实体法条 100 次。其中《专利法》（含历次修正）第 15 条和《专利法实施细则》（含历次修正）第 94 条引用次数最多，分别为 33 次和 20 次；另外，引用次数 5~15 次的包括《专利法》（含历次修正）第 6 条、《专利法实施细则》（含历次修正）第 93 条和第 92 条。除上述法条之外，也有案件在审理过程中引用了《中华人民共和国民法总则》（含历次修正）（已废止）第 188 条，《中华人民共和国民法通则》（含历次修正）（已废止）第 135 条、第 137 条，《专利法实施细则》（含历次修正）第 13 条、第 14 条、第 60 条、第 68 条，《专利法》（含历次修正）第 11 条、第 16 条、第 47 条和第 74 条等法条，但引用频次均相对较低。

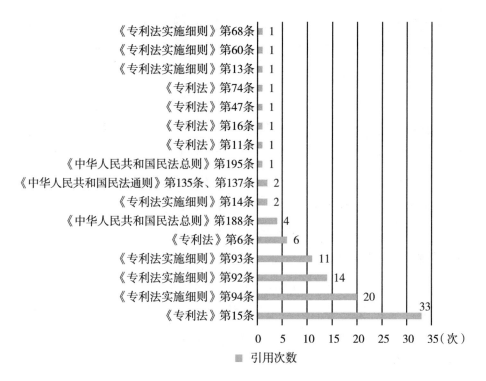

图 5 - 15　职务发明专利奖酬纠纷选取案件引用法条（实体法）统计

（二）职务发明专利奖酬纠纷案件的审理程序与裁判结果

经过对案例审理程序的归纳与统计，可以发现，在所选取40件职务发明专利奖酬纠纷案例中，共有一审案例15件，占案例总数的37.5％；二审案例共21例，再审案例4例，均为终审判决，占到案例总数的62.5％。如图5-16所示，在二审案例中，除去1例裁定书，其余20例判决书中有18例都予以维持原判，仅有1例二审判决撤销改判，1例二审判决部分维持原判、部分撤销。另外，在4例再审案例中，3例再审判决维持原判，仅有1例撤销改判。

在此基础上，对所选取的40件职务发明专利奖酬纠纷案例的裁判结果予以分析，可以进一步筛选出25件案例涉及单位是否应当向发明人、设计人支付奖励、报酬的司法判定，以及21件案例涉及职务发明专利奖励、报酬数额计算问题的司法认定。具体说来，在25件涉及是否应当支付奖励、报酬的司法判定案例中，有 13 件案例的裁判结果为单位应当向发明人、设计人支付奖励及报酬，占筛选出的 25 件案例的 52%；有 10 件案例的裁判结果为单位不应当向发明人、设计人支付奖励及报酬，占筛选出的 25 件案例的 40%；另外，还有 2 件案例给出的裁判结果为单位应当给予发明人、设计人以奖励，而不必支付报酬，占筛选出的 25 件案例的 8%。而在 21 件涉及职务发明专利奖励、报酬数额计算问题的司法认定案例中，有 14 件案例是遵循法律规定对奖酬数额予以酌定计算，占筛选出的 21 件案例的 67%；其余 7 件案例则是按照约定或依法制定的规章制度展开奖酬数额的计算，占筛选出的 21 件案例的 33%。除此之外，结合职务发明专利奖酬数额计算的具体司法实践，对前述 21 件案例的裁判结果予以深层梳解，可以归纳出影响奖励、报酬数额计算的关键性影响因素。如图 5 - 17 所示，以筛选出的 21 件案例为基础，职务发明专利奖励、报酬数额计算过程中"专利对产品的利润贡献"和"发明人对涉案专利所作的贡献"两大影响因素出现频次最高，达到 7 次。"涉案专利发明人人数""专利实施情况""专利实施年限""涉案专利的类别"四大影响因素紧随其后，分别出现 6 次、5 次、5 次和 4 次。"涉案专利的价值"影响因素则仅出现 1 次。

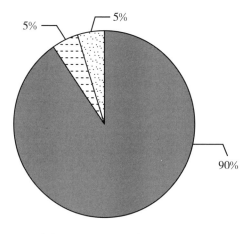

图 5 - 16　职务发明专利奖酬纠纷选取案件二审裁判结果统计

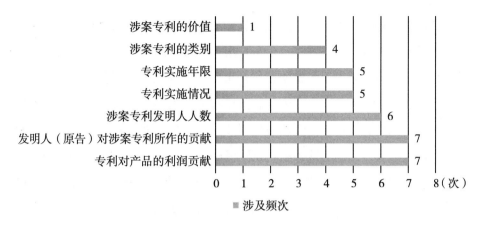

图 5 - 17　职务发明专利奖酬纠纷选取奖酬计算考量因素统计

第三节　职务发明专利权益分享实践中赋权改革的试点样本分析

在职务发明权益分享实践中，除了需要重视发明人、设计人与单位之间专利权属和专利奖酬两个层面的纠纷处置，还应对职务发明成果的转化问题予以特别关注。尤其是在高校、科研机构等公共单位中，发明人、设计人做出的职务发明创造大多是其基于自身研究兴趣所进行的自由探索，往往与单位的业务范畴并不直接相关，如何推进相关职务发明成果实现有效转化的问题便格外突出。而之所以会出现这一情况，究其根本，是因为拥有相关职务发明成果专利权的单位本身并无实施该技术的强烈诉求，而具有技术实施愿望的发明人、设计人因专利权属的限制而无法直接进行技术转化。也正是基于此，高校、科研机构等公共单位也会被认为是一种特殊的"非专利实施主体"。① 当然，从高校、科研机构的性质来看，其与"专利蟑螂"和"专利流氓"等具备主观恶意的"非专利实施主体"并不相同，但不可否认的是，高

---

① LEMLEY M A. Are Universities Patent Trolls [J]. Fordham Intellectual Property, Media & Entertainment Law Journal, 2008, 18 (3): 611 - 632.

校、科研机构等公共单位确实没有实施相关专利技术的行为与意图，直接影响了成果转化的效率与结果。① 不仅如此，还需要特别注意的是，在我国高校、科研机构中，诸多职务发明成果是由国家财政性资金所资助，而这也使这些职务发明成果在一定程度上具备了国有资产属性，极大地加剧了技术转化的难度。由此，为化解涉及职务发明成果转化的实践难题，我国开启了职务发明成果赋权改革的实践探索，在使用权、处置权和收益权下放的基础上，逐步形成单位与发明人、设计人共同所有职务发明成果的混合所有制。② 在此基础上，为进一步厘清职务发明赋权改革对于专利权益分享的积极效用与潜在问题，笔者将以当前我国职务发明成果赋权改革试点为样本展开实证分析。

一、职务发明赋权改革政策所涉及专利权益分享的规范梳理

受到政策文件的影响，论及职务发明赋权改革，人们所讨论的往往是赋予科研人员（发明人、设计人）职务发明所有权或长期使用权的问题，其中并未直接涉及专利权。但事实上，对于职务发明成果而言，其最为核心、也最为常见的财产权利即专利权，而赋权改革的举措也势必无法脱离单位与发明人、设计人的专利权益分享问题。进言之，在职务发明赋权改革的政策方案中所形成的混合所有制模式，其实质上是将职务发明成果的财产权利在单位与发明人、设计人之间进行一定比例的分割，从而实现双方对职务发明成果之上财产权利的共有。③ 这里的"所有"并非直接指向"所有权"，而是对

① "非专利实施主体"（Non - practicing Entities，NPEs）最初由美国联邦贸易委员会在 2003 年的"促进创新：竞争和专利法律政策适当平衡"（To Promote Innovation：The Proper Balance of Competition and Patent Law and Policy）报告中提出，是指申请或者购买专利技术却不去实施也没有意向实施，仅通过专利许可或者诉讼以获取收益的市场主体。Federal Trade Commission of the U. S . To Promote Innovation：The Proper Balance of Competition and Patent Law and Policy ［R］. 2003. 具体参见管荣齐. 论非实施性专利权主体的权利和行为限制 ［J］. 法律科学（西北政法大学学报），2019（3）：147 - 148.

② 刘友华，李扬帆. 职务发明权属规则与成果赋权改革的协同路径研究 ［J］. 湘潭大学学报（哲学社会科学版），2023（4）：44 - 52.

③ 饶世权. 激励发明人参与职务发明创造转化的专利权分享：比较与适用 ［J］. 电子知识产权，2023（1）：81 - 90.

职务发明成果之上财产权利的占有和享有。而政策文件中"职务发明所有权或长期使用权"的称谓在很大程度上是对所有权概念的一种直接套用，并非物权意义上的所有权。在实践中，这一所有权和长期使用权，则往往更多表现为职务发明专利权及专利权能中的使用权。基于此，下文便不再对相关概念予以逐一辨析，直接从职务发明赋权改革政策发展历程出发，进行相关规范的梳理与阐述。

我国职务发明赋权改革的实践探索发轫于 2010 年西南交通大学为消除自身职务发明成果转化难题，由学校向科研人员（发明人、设计人）转让职务发明专利权或专利申请权等财产权利，并由双方共同享有职务发明财产权利的大胆尝试。2015 年，《中华人民共和国促进科技成果转化法》（以下简称《促进科技成果转化法》）完成修订，对科技成果使用权、处置权、收益权予以下放，高校及科研机构等相关单位完全可以自由处置其所持有的科技成果。与此同时，西南交通大学经过对长期实践经验的总结，进一步形成自身的《专利管理规定》，允许学校与科研人员（发明人、设计人）按照一定比例共有职务发明成果。在随后的几年间，四川、湖北、浙江等多地的地方政府也相继开启了职务发明赋权改革的混合所有制探索。在此基础上，2020 年，我国科技部等 9 部门颁布了《赋予科研人员职务科技成果所有权或长期使用权试点实施方案》，并在全国确定了 40 家单位进行为期三年的赋权试点。[①] 同年，我国《专利法》也完成了第四次修改，并在第 6 条中增加了第 3 款，允许单位对职务发明进行处置，在职务发明专利权益的初次分配模式不变的情况下，为单位和发明人、设计人对职务发明专利权益的再分配提供了有效的法律保障。[②]

在此基础上，通过对我国职务发明赋权改革历程的回顾，以 2015 年我国完成《促进科技成果转化法》修订中"三权下放"举措的提出和 2020 年我

---

① 唐素琴，魏旭丹. 职务科技成果"赋权"改革的实证分析及思考［J］. 科技与法律（中英文），2024（3）：57 - 67.

② 刘强.《专利法》第四次修改背景下职务科技成果混合所有制研究［J］. 知识产权，2022（10）：82 - 101.

国《赋予科研人员职务科技成果所有权或长期使用权试点实施方案》的颁布以及《专利法》修改中对职务发明创造单位处置权的肯认为时间节点，即可进一步将其划分为个别性尝试、地方性探索、全国性试点三个阶段。如表5-1所示，个别性尝试阶段对应的时间范畴为2010—2015年，以西南交通大学的先行尝试为基础，形成了单位与发明人、设计人共有职务发明成果财产权利的混合所有制初步实践；地方性探索阶段对应的时间范畴为2015—2020年，以四川、湖北、浙江等地的立法探索为代表，设置了开展分割确权且明确共有比例的职务发明混合所有制规范模式；全国性试点阶段对应的时间范畴则为2020年至今，自上而下地启动了40家单位进行为期三年的赋权试点工作，力求为职务发明混合所有制的全面推广探寻高效、可行的路径与方案。

表5-1 我国职务发明赋权改革历程阶段划分总结

改革阶段划分	对应时间范畴	改革主要成效
个别性尝试	2010—2015 年	混合所有制的初步实践 （西南交通大学的先行尝试）
节点事件：2015 年我国完成《促进科技成果转化法》修订		
地方性探索	2015—2020 年	混合所有制的模式形成 （四川、湖北、浙江等地的立法探索）
节点事件：2020 年我国颁布《赋予科研人员职务科技成果所有权或长期使用权试点实施方案》以及完成《专利法》修改		
全国性试点	2020 年至今	混合所有制的全面推广 （全国 40 家单位的赋权试点）

二、职务发明赋权改革政策对推进专利权益分享的实效评述

我国职务发明赋权改革在实质上是对当前职务发明法定权属与奖酬模式的一种修正，以单位与发明人、设计人的共有模式代替"单位优先"的单一归属，既使发明人、设计人能够获得转化实施发明成果的产权激励，也使高校、科研机构等公共单位的沉睡性科技成果被充分盘活，开辟了促进职务发

明成果转化的新路径。① 承前所述，经过十余年的探索与实践，我国职务发明赋权改革工作有序展开，并已有所成效。但是，若想对职务发明赋权改革的政策实效作出合理评价，仅仅通过规范梳理是远远不够的，还须以特定的改革场景为基础予以实证研究。因此，为进一步了解我国职务发明赋权改革的具体情况，笔者将一方面以西南交通大学的实践探索为例证展开改革效果的个案分析，另一方面以相关地方立法和试点工作为基础进行改革进程的整体评价，并在充分发掘职务发明赋权改革政策实施问题的同时，廓清政策的应然效果与实然效用之间的差距，有针对性地给予完善建议与优化举措，为我国职务发明赋权改革政策的持续推进提供参考。

（一）改革效果的个案分析：以西南交通大学的实践探索为例证

在职务发明赋权改革效果的个案分析中，笔者选取最早进行实践探索的西南交通大学作为实证分析对象。如前所述，西南交通大学自2010年便开启了职务发明赋权改革的先期尝试，在2016年西南交通大学《专利管理规定》出台后，更是形成了职务发明单位与发明人、设计人之间3∶7分割确权的混合所有制规范雏形。据统计，西南交通大学在《专利管理规定》颁布的次日便完成了70余项职务发明成果的分割确权，并使相关成果得以有效转化，在京沪高铁等项目中创造数十亿元产值。② 2021年，西南交通大学材料科学与工程学院杨维清教授团队"高比能超级电容器关键材料与器件制备工艺系列技术"所涉及的9项职务发明，在依据学校和科研团队3∶7的比例完成知识产权分割确权后，科研团队70%份额的知识产权以1388.58万元的估值作价入股四川一家公司，而学校30%份额的知识产权由该公司出资416.574万元购买，实现职务科技成果的高效转化与运用。③ 除此之外，还有诸多的成功案例，在此不一一赘述，西南交通大学职务发明混合所有制的良好效果，无疑为赋权改革持续推进提供了重要的实践经验。

---

①　葛章志. 赋权改革背景下职务科技成果共同所有权的行使逻辑［J］. 科技进步与对策，2023（1）：114 - 122.

②　何升龙. 高校职务发明混合所有制研究［D］. 武汉：中南财经政法大学，2024.

③　康凯宁. 职务科技成果混合所有制探析［J］. 中国高校科技，2015（8）：69 - 72.

（二）改革效果的整体评价：以相关地方立法和试点工作为基础

在职务发明赋权改革效果整体评价中，笔者则以相关地方立法和试点工作为基础展开具体评定。如前所述，2015 年后，四川、湖北、浙江等相继开启了职务发明赋权改革的地方立法，包括"成都十条""武汉黄金新十条"在内的一系列职务发明混合所有制方案，以分割确权为基础，形成了科研人员（发明人、设计人）占比不低于 70% 的产权共享模式，并在政策实施过程中对职务发明成果转化起到了一定的促进作用。① 2020 年 5 月，随着《赋予科研人员职务科技成果所有权或长期使用权试点实施方案》的出台，包括复旦大学、浙江大学、上海理工大学、浙江工业大学在内的 40 家单位开启为期三年的职务发明赋权改革试点，相关试点单位也在《赋予科研人员职务科技成果所有权或长期使用权试点实施方案》的指引下相继颁布自身的实施方案与管理办法，涉及《复旦大学赋予科研人员职务科技成果所有权或长期使用权试点实施方案》《浙江大学赋予科研人员职务科技成果所有权或长期使用权试点工作实施方案》《上海理工大学赋予科研人员职务科技成果所有权或长期使用权试点实施办法（试行）》《浙江工业大学关于赋予科研人员职务科技成果所有权或长期使用权的管理办法（试行）》等一系列配套文件，为职务发明赋权改革的不断深化提供了必要的支持与保障。

（三）我国职务发明赋权改革的工作成效总结及其提升路径选择

职务发明赋权改革是我国推进科技成果转化的重要政策举措，能够有效改善职务发明"单位优先"权属模式下高校、科研机构等公共单位中发明成果所有权和收益权相分离的局面。在破除高校、科研机构自身公共单位性质制约以及国有资产管理限制的同时，赋予发明人、设计人以一定份额的财产权利，既省去了相关发明成果转化层层批准的复杂程序，也最大限度地保障了发明人、设计人的收益获取。② 不仅如此，赋权改革还能使目前职务发明

---

① 王影航. 高校职务科技成果混合所有制的困境与出路 [J]. 法学评论，2020（2）：69 - 72.

② 王影航，黄训波，李金惠，等. 高校职务科技成果资产管理的制度困境与出路：以"放管服"的现实视角为观照点 [J]. 中国高校科技，2023（4）：81 - 88.

"事后"激励型的奖酬分配模式得以改善，保障发明人、设计人在研发开始前便能具备一定份额其他财产权利的合理预期，克服了以转化效果来确定奖酬数额的不确定状态，从而使发明人、设计人能够获得更加充分的研发动力与转化激励。① 然而，我们在为职务发明赋权改革成效欢呼雀跃的同时，也要看到目前政策实施的应然效果与实然效用之间还存在不小的差距，法律适用的依据冲突、国有资产的管理束缚等问题依然存在。② 而且，在职务发明赋权改革的混合所有制运行中还呈现出客体范围不清晰、团队主体化与法律不兼容、共有权行使缺少规范性建构三个层面的问题，须进一步以体系化的规范文本对其加以明确。③ 唯有如此，才能切实保障我国职务发明赋权改革工作的持续推进与不断深化。

---

① 石琦，钟冲，刘安玲. 高校科技成果转化障碍的破解路径：基于"职务科技成果混合所有制"的思考与探索［J］. 中国高校科技，2021（5）：85 - 88.
② 苏平，杨君. 职务发明所有权制度的法律困境与优化路径［J］. 科技与法律（中英文），2022（3）：60 - 67.
③ 马波. 论职务科技成果混合所有制的规范表达与完善措施［J］. 科技进步与对策，2022（3）：129 - 136.

第六章

完善论：职务发明专利权益分享制度的优化路径与协调策略

职务发明专利权益分享的目标在于通过合理配置单位与发明人、设计人的权利，实现资本要素和劳动要素的协调与均衡，促进社会生产力的发展进步。然而，在实践中，我国目前的职务发明专利权益分享制度并不能达到前述立法目标，存在较多的争议与冲突。因而，有必要在厘清职务发明专利权益分享制度的理论基础与比较经验的条件下，从差异化立法、调适性释义和多元化规制三个层面来重构与完善我国的职务发明专利权益分享制度，化解职务发明专利权归属的争议与纠纷，从而实现职务发明制度促进科技创新和经济发展的立法宗旨。

第一节　职务发明专利权益分享过程差异化立法框架之设置

在职务发明权益分享制度中，进行主体区分与行业划分的差异化立法，是确保不同部门、不同领域的职务发明持续创造并高效转化的重要手段，也是实现职务发明法律关系中单位与发明人、设计人之间权利合理配置的必要举措。法律制度所强调的平等原则并不是要否决一切差别待遇，它只是要求差别待遇是公平的、经过论证的、有足够理由的，并且在程度上是适当的。

因此，可以说，平等是正视、容忍不平等的平等。① 不同部门、不同领域的职务发明专利权益分享制度在立法上的差异化，也并不意味着对某些部门或领域的歧视，而是在充分分析不同投资主体所启动的职务发明创造特性和不同行业中所开展的职务发明创造特点的基础上，对职务发明专利权益分享制度的细化，即对不同部门、不同领域的职务发明实行不同的权利配置规则，从而实现职务发明专利权归属实质平等，而非不考虑主体与行业特殊性，实施统一权利配置规则的形式平等。

职务发明专利权益分享制度的差异化立法，主要表现为公立机构之职务发明与私立机构之职务发明的差异化规制和高新产业之职务发明与传统行业之职务发明的区别化对待两个方面。具言之，在创新主体层面上，高校及科研院所等公立机构与企业等私立机构在性质上的差异，决定了职务发明创造在两者中运行模式和制度框架的不同，因而，在构建职务发明专利权益分享制度时，单位与发明人、设计人之间的权利配置也应当有所区别，从而使公立机构的职务发明和私立机构的职务发明都能实现权利的合理分配，充分激发创新活力；在创新行业层面上，基于科技创新由分散化向集约化的转化，相比于传统行业，高新产业中的技术研发需要更多的资金投入、更多的协调合作、更完善的管理机制，因而，职务发明的专利权益分享制度也需要更加明确的专利权归属原则和更加详细的权利配置规则，从而保证职务发明专利权益分享制度能够与时俱进，与高新技术产业的发展相适应。

一、职务发明专利权益分享中公立机构与私立机构的区分对待

基于不同创新主体之间在基本性质上的差异，采取公共资助之职务发明创造与私人资助之职务发明创造的差异化立法模式，是实现职务发明专利权等相关财产权利合理配置的重要途径。差异化的立法模式，可以使职务发明专利权益分享制度适应公立机构和私立机构的不同需求，最大限度地激发社会创新活力，促进职务发明创造的转化运用。下面将就公立机构之职务发明

---

① 韦之. 知识产权论（第二卷）[M]. 北京：知识产权出版社，2014：210.

创造的专利权益分享制度和私立机构之职务发明创造的专利权益分享制度的具体立法选择分别展开论述。

（一）公立机构之职务发明创造的专利权益分享制度

公立机构之职务发明创造通常是由国家公共基金所资助的职务发明创造。高等院校及科研机构作为公立机构之职务发明创造的创新主体，主导着职务发明创造的研发、实施、转化等环节的开展与运行。基于公立机构之职务发明创造的创新投资主体的公益属性，其职务发明成果也往往被认为与国家及社会公共利益具有较高的相关性。因而，一般说来，公立机构之职务发明创造的专利权等相关财产权利归属于具有国家公益性质的单位，即高等院校及科研机构。由此看来，我国现行《专利法》所设定的"厚雇主主义"的职务发明专利权归属是符合国家及社会公众对于公立机构之职务发明创造的权利配置诉求的。虽然当前我国的职务发明创造的专利权归属"以约定权属为原则，以法定权属为补充"，但是，其本质上"雇主优先"的立法模式可以有效地保障国家和社会对公共资助之职务发明创造的合理支配和有效控制。然而，在实践中，随着科技创新活动复杂性的加强，研发活动的高投入、高风险以及市场需求的快速变化，迫使我们更加注重产学研用的协同创新。[①] 易言之，公立机构之职务发明创造的专利权益分享制度不仅要起到明确专利权归属，维护公共利益的作用，同时也要积极推动研发成果的转化运用，达到促进经济发展与社会进步的良好效果。鉴于此，有必要从发明报告机制的引入和成果转化机制的推进两个方面来完善公立机构之职务发明创造的专利权益分享制度。

1. 职务发明报告机制的引入

职务发明报告机制是明确职务发明创造专利权归属的一种程序性规则，要求发明人、设计人完成发明创造后在一定期限内向单位报告，而单位则需在收到报告的一定期限内对发明创造的归属作出声明。在德国、法国等国家的职务发明制度中都设有这一机制，但由于德国采取的"雇员优先"和法国

---

① 马一德. 创新驱动发展与知识产权战略实施 [J]. 中国法学, 2013 (4): 27-38.

采取的"雇主优先"的职务发明权属模式的不同，双方在职务发明报告机制的制度设计也有所差异。我国《职务发明条例草案（送审稿）》立足本土国情，设计了我国的职务发明报告机制。① 这一规则一经提出，就饱受争议，尤其是引起了企业界的强烈反对，因为，对于企业而言，发明报告制度虽然可以有序地确立职务发明的专利权归属，却是低效的、不经济的，会增加企业的经营成本。然而，针对公立机构之职务发明创造，追逐经济利益并非技术研发的根本目的，严格且周密的职务发明权利配置程序也是实现公立机构之职务发明创造的社会公益目标，保障发明人、设计人合法权益的客观需要。简言之，发明报告机制，可以在公立机构之职务发明创造的权利配置过程中发挥其应有的作用，但并不符合私立机构之职务发明创造进行权利配置的需要。因此，有必要对公立机构之职务发明创造与私立机构之职务发明创造进行差异化的制度构建，仅在公立机构之职务发明创造的专利权益分享制度中引入发明报告规则，以明确职务发明权属，实现社会公共利益与发明人、设计人合法权益之间的协调与均衡。

2. 职务发明成果转化机制的推进

虽说公立机构之职务发明创造不依据经济利益的实现，但是由于高校、科研机构等公共研发机构发明创造成果转化运用滞后所造成的资源浪费及研发人员创新热情消退，同样会在很大程度上制约公立机构之职务发明的持续创造和有序运行。因此，有必要在公立机构之职务发明创造中，制定职务发明成果的转化机制，加快职务发明赋权改革步伐，以激发科研人员的创造活力，充分发挥公立机构之职务发明成果对社会经济持续健康发展的积极作用。在我国当下的法律体系中，《促进科技成果转化法》针对这一问题给出了促进职务发明成果转化运用的途径，即允许发明人、设计人根据与单位达成的协议，在不变更职务发明成果权属的前提下，开展职务发明成果的转化运用工作。② 但是，在实践中，这一规定并不能起到应有的作用，因为根据《促

---

① 参见《职务发明条例草案（送审稿）》第 10—12 条。
② 参见《中华人民共和国促进科技成果转化法》（2015）第 19 条之规定。

进科技成果转化法》的规定，虽然发明人、设计人被允许转化运用公立机构之职务发明成果，但仍然须满足依据与单位达成的协议，并在不变更职务发明成果权属的情形下来进行成果转化，而这也就意味着发明人、设计人并不能自由地进行职务发明成果的转化运用，仍需要受到单位的限制。因此，有必要模仿美国的《拜杜法案》（*Bayh - Dole Act*）的规定，允许私人部门享有这些发明创造的专利权等财产权利，减少公立机构之职务发明成果转化运用的限制条件，持续深化职务发明赋权改革。[①] 与此同时，为了避免公立机构之职务发明创造流失而损害国家、社会公共利益，可以在进行转化运用前，对职务发明成果进行评估，这一方面将关系国家安全及公共利益的核心技术排除在范围之外，由特定机构来实施成果转化；另一方面允许符合转化运用条件的公立机构之职务发明成果充分转化，从而推进公立机构之职务发明成果的合理转化运用，实现社会效益与经济效益的统一。

（二）私立机构之职务发明创造的专利权益分享制度

私立机构之职务发明创造则大多为由企业等私有基金所资助的职务发明创造。企业法人作为私立机构之职务发明创造的创新主体，职务发明创造的研发、实施、转化等环节的运转都是以其经营发展的需要为基础的。基于私立机构之职务发明创造的创新投资主体的私益属性，其职务发明成果也以向经济利益的转化为根本目的。因而，一般说来，私立机构之职务发明创造往往以市场需求为导向、以产业升级为目标、以转化运用为宗旨，其专利权等相关财产权利的配置也往往不拘泥于《专利法》的法定权属规则，更多地由单位与发明人、设计人灵活地进行约定，以最大限度地激发创新热情、最大限度地实现经济利益。然而，在我国《专利法》所设定的职务发明专利权等相关财产权利的约定归属规则框架下，只有"利用资源"之职务发明创造的专利权归属可以被予以约定，而"履行职务"之职务发明创造的专利权或申

---

① BOETTIGER S，BENNETT A. Bayh - Dole Act：Implications for Developing Countries ［J］. IDEA，2005，46（2）：261.

请专利的权利则当然地归属于单位。① 毋庸置疑，这种制度设计在很大程度上抑制了单位与发明人、设计人对职务发明权属约定的灵活性与多样性，阻碍了企业创新机制的高效运行。鉴于此，有必要扩张私立机构之职务发明创造的约定权属机制的适用范围，与此同时，通过雇员奖酬机制的完善来保障发明人、设计人的合法权益，实现私立机构之职务发明权利配置过程中单位与发明人、设计人之间的利益平衡。

1. 职务发明约定权属机制的扩张

职务发明创造的约定权属机制，是指单位与发明人、设计人之间通过平等自愿的协商，对职务发明专利权及相关财产权利的归属进行约定，实现职务发明财产权利的合理配置。具体说来，职务发明创造的约定权属模式大体可以分为三种：一是"雇员优先"的约定权属模式。在这一权属模式下，职务发明创造的专利权归属于发明人、设计人，单位则只享有优先受让权和不排他使用权。② 二是"雇主优先"的约定权属模式。在这一权属模式下，职务发明创造的专利权归属于单位，发明人、设计人则享有获得奖励或报酬的权利。③ 三是"双方共有"的约定权属模式。在这一权属模式下，职务发明创造的专利权由单位与发明人、设计人共同享有，单位实施职务发明创造需要经过发明人、设计人的许可，并向发明人、设计人分配收益。④ 在职务发明创造约定权属机制的实际运行中，单位与发明人、设计人之间对于专利权归属的约定并没有固定的程式，无论是"雇员优先"的权属模式、"雇主优先"的权属模式，还是"双方共有"的权属模式的适用，都是单位与发明人、设计人为了最大限度实现经济效益而作出的选择。因此，在私立机构之

① 参见《中华人民共和国专利法》第6条之规定。

② "雇员优先"的约定权属模式，在基本的权利配置上同以美国为代表的职务发明专利权益分享制度"雇员优先"立法模式相似，但在约定权属模式方面，单位与发明人、设计人一般会对权利的实施条件、方式、期限等具体内容进行具体的约定。

③ "雇主优先"的约定权属模式，在基本的权利配置上同以法国等国家为代表的职务发明专利权益分享制度"雇主优先"立法模式相似，但在约定权属模式方面，单位与发明人、设计人一般会对权利的实施条件、方式、期限等具体内容进行具体的约定。

④ 沈伟，刘强．重构抑或调整：我国职务发明权属制度的困境及其破解［J］．净月学刊，2016（2）：115－121.

职务发明创造的专利权益分享制度的完善过程中，应当打破《专利法》对于职务发明约定权属机制在适用范围上的限制，允许单位与发明人、设计人对所有职务发明创造的专利权归属进行约定，而不再区分"履行职务"所完成的职务发明和"利用资源"所完成的职务发明，最大限度地赋予单位与发明人、设计人以通过意思自治来决定权属的自主权，从而最大限度地推进私立机构之职务发明创造的转化运用，实现私立机构之职务发明创造经济效益最大化的目标。

2. 职务发明发明人、设计人奖酬机制的完善

虽说扩大职务发明创造约定权属机制的适用范围，可以最大限度地激发单位与发明人、设计人的创造活力，实现双方的利益平衡，但是，基于单位在职务发明法律关系中的强势地位，职务发明创造约定权属难免会更加注重单位经济利益的实现，而忽视发明人、设计人合法权益的保障。换言之，在私立机构之职务发明创造的转化运用过程中，企业无疑是主导力量，人力资本则起着关键和核心作用。[1] 因此，为实现私立机构之职务发明创造经济效益最大化而扩张约定权属机制适用范围的同时，必须制定完善的给予发明人、设计人奖励及报酬的规则，维护发明人、设计人的合法权益。具言之，私立机构之职务发明创造的发明人、设计人奖酬机制完善应当从明确奖励及报酬的条件、标准及支付的形式和期限等方面入手，确保发明人、设计人获得奖励和报酬的权利能够得到有力的保障。[2] 首先，单位给予发明人、设计人奖励和报酬的条件是单位实施或许可职务发明发明创造获得了经济收益。其次，单位给予发明人、设计人奖励和报酬的标准是根据发明人、设计人对职务发明的贡献度来具体确定，法律应当规定最低标准，并允许单位与发明人、设计人作出高于法定标准的约定。最后，单位给予发明人、设计人奖励和报酬的支付方式应当是多元化的，既可以是物质形式的奖酬，也可以是股权或者晋升机会等其他形式的奖酬，在支付期限上，法律也应当规定最后期限，同

---

① 曹新明. 促进我国知识产权产业化制度研究 [M]. 北京：知识产权出版社，2012：13-14.
② 刘睿. 论企业职务发明制度的建立 [N]. 中国知识产权报，2014-06-18 (4).

时允许单位与发明人、设计人作出有利于发明人、设计人的约定。这样就可以在扩大职务发明创造约定归属机制适用范围的同时，有效地保障发明人、设计人获得奖励和报酬的权利，实现单位与发明人、设计人之间的利益平衡，从而形成符合私立机构之职务发明研发需要与运行规律的专利权益分享制度。

二、职务发明专利权益分享中高新产业与传统行业的区别对待

基于不同创新领域之间在经营方式上的区别，实行高新产业中职务发明创造与传统行业中职务发明创造的区别化制度设计，是推动职务发明专利权等相关财产权利高效分配的重要举措。差异化的制度设计，可以使职务发明专利权益分享制度符合科学发展与技术进步的客观要求，提升各行各业的创新热情，推进职务发明创造的商业化和产业化发展。下面将就高新产业中的职务发明创造专利权益分享制度和传统行业中的职务发明创造专利权益分享制度的具体制度设计分别进行阐述。

（一）高新产业中的职务发明创造专利权益分享制度

在高新技术产业中，职务发明创造的专利权益分享制度往往存在一定的滞后性，即在《专利法》等相关法律制度的框架下所形成的职务发明专利权益分享制度，产生与高新技术的发展不相适应的状况。在高新产业中，技术研发成本高、更新换代周期短，职务发明成果更容易为发明人、设计人所隐瞒，致使单位利益受到损失。鉴于此，有必要从专利权归属的明确化和发明人、设计人奖酬的标准化两个方面来完善高新产业中的职务发明创造的专利权益分享制度，即通过明确职务发明专利权归属和提升发明人、设计人奖酬水平这两种途径来避免职务发明创造流失，提高发明人、设计人与单位的创新动力，促进高新技术的商业化与产业化。

1. 职务发明专利权归属的明确化

基于信息技术、基因技术等高新技术所具有的高投入、高风险的特点，职务发明创造专利权归属的明确化是激发发明人、设计人智力投入与单位物质投资热情，推进研发成果高效转化运用的必要举措。具言之，高新技术的高额研发费用和巨大投资风险进一步加深了单位掌控职务发明创造专利权或

申请专利的权利诉求。然而，由于信息技术、基因技术等高新技术研发技术含量高，更新换代周期短的客观状况，单位对职务发明成果的控制能力远低于传统行业，发明人、设计人隐瞒职务发明成果的行为也更加难以发现，给单位造成更大的损失。因此，在高新产业中，职务发明的专利权益分享制度应当明确区分职务发明与非职务发明的界线，单位与发明人、设计人约定职务发明权属时，应当对职务发明创造研发过程每一个环节的成果的专利权归属都予以明确约定，避免在日后的转化运用中发生权属纠纷；法定权属规则也应当规定得更加详尽、更加明确，及时补充"履行职务"标准和"利用资源"标准在高新技术研发中可能产生的新内涵。职务发明报告机制是确定职务发明权属的一种有效的程序性规则，但其复杂烦琐的程序很有可能并不符合更新换代迅速的高新技术领域，因此，在运用这一机制时必须慎重。此外，值得注意的是，职务发明的研发成本（包括经济成本和时间成本）并不能总是转化为新的产品和服务，只有在创新被商业化并经历市场检验后才能实现经济利益的增长。因此，可以说，将高新产业中职务发明创造的专利权或申请专利权赋予有能力充分转化运用研发成果的单位，更加符合市场竞争规律和经济发展需要。

2. 职务发明发明人、设计人奖酬的标准化

基于信息技术、基因技术等高新技术所具有的超高技术含量的特点，实行发明人、设计人奖励与报酬的标准化是激励发明人、设计人创新热情，保障发明人、设计人合法权益的重要手段。在实践中，发明人、设计人所获得的奖励一般以职务发明创造的市场价值为依据；发明人、设计人所获得的报酬则往往以单位实施或许可职务发明专利所得到的收益或者预期能够取得的收益为参考。然而，由于职务发明专利的价值以及单位实施或许可职务发明专利所得到的收益具有时效性、不确定性和模糊性的特点，[①] 发明人、设计人研发一项职务发明创造所能获得的奖励和报酬也因此有很大的不确定性，

---

① 万小丽，朱雪忠. 专利价值的评估指标体系及模糊综合评价 [J]. 科研管理，2008（2）：185 - 190.

这种情形也在很大程度上增加了发明人、设计人关于研发回报的担心，极大地抑制了开展研发工作的积极性。因此，为了激励发明人、设计人的创新热情，有必要在信息技术、基因技术等高新技术领域制定职务发明创造的市场价值标准与运行收益标准，同时对现有技术的价值与收益数据进行收集整理，形成数据库，从而为单位与发明人、设计人提供参考。此外，针对高新技术的高技术含量的特点，应当在我国现行"下有保底，上不封顶"的职务发明创造奖酬量化规范的基础上，[①] 提高法定的职务发明奖酬最低标准，从而消除发明人、设计人开展技术研发的后顾之忧，充分激发发明人、设计人的研发热情，有效保障发明人、设计人的合法权益。

（二）传统行业中的职务发明创造专利权益分享制度

在传统技术行业中，职务发明创造的专利权益分享制度相对比较完善，能有效地配置发明人、设计人与单位的权利，实现双方的利益平衡，保障职务发明制度的有序运行。但是，在《专利法》等相关法律制度的框架下，传统技术行业中职务发明创造权利配置模式的程式化与发明人、设计人奖酬形式的单一化，往往难以充分激发技术创新的热情，适应市场竞争的要求，甚至在很大程度上会对传统行业中的技术创新产生抑制作用。鉴于此，有必要从专利权归属的多元化和发明人、设计人奖酬的多样化两个方面来完善传统行业中的职务发明创造的专利权益分享制度，为传统行业中的技术研发增添活力，推动传统行业中的技术革新与产业升级。

1. 职务发明专利权归属的多元化

基于当下传统技术行业中职务发明创造所呈现的权利配置模式程式化的问题，采用多元化的权利配置模式是盘活传统行业职务发明创造的研发过程、提高传统行业科技水平的有效途径。在工业制造等传统行业中，职务发明创造集中于对新产品与新工艺的研究与开发，一般来说，大多是为"履行职务"而进行的技术研发，即使不属于"履行职务"的范畴，也是与单位经营

---

① 陶鑫良. 职务发明性质之约定和职务发明报酬及奖励：我国专利法第四次修订中有关职务发明若干问题的讨论 [J]. 知识产权, 2016 (3)：3-13.

活动密切相关的"利用资源"而开展的技术创新，进言之，根据我国《专利法》的相关规定，可以有效地确定传统行业中职务发明创造的专利权归属。但是，我国《专利法》"雇主优先"的专利权归属模式，在制度运行过程中表现出相对较为死板的弊端，并不能完全适应当前新形势下职务发明创造专利权归属的多元化的发展趋势。因此，为促进传统行业中职务发明创新的持续涌现，提升传统行业生产经营过程的科技水平，有必要打破原有的单一、死板的"雇主优先"式的职务发明权利配置模式，更多地鼓励发明人、设计人与单位对职务发明的专利权归属进行约定。为了最大限度地激发传统技术行业中的创新活力，可以尝试运用职务发明创造专利权或申请专利的权利赋予发明人、设计人，单位享有优先受让权和不排他使用权的"雇员优先"式职务发明权属规则，以及职务发明创造专利权及相关财产权利由发明人、设计人与单位共同享有的"双方共有"式职务发明权属规则，增加传统行业中职务发明专利权归属的多元性。这样一来，单位与发明人、设计人就可以根据某一技术的研发需要，对职务发明成果的权属模式作出合理的选择，从而充分激励技术创新，推动产业升级，使传统行业不断焕发出新的活力。

2. 职务发明发明人、设计人奖酬的多样化

基于当前传统技术行业中职务发明创造所体现出的发明人、设计人奖酬形式单一化的状况，推行多样化的发明人、设计人奖酬形式是激发传统行业中发明人、设计人创新热情，促进职务发明创造持续研发的关键方式。时下，在传统行业中，职务发明创造的奖励与报酬以奖金、薪酬等物质性奖酬为主要形式，但是在实际运行中往往并不能充分调动发明人、设计人的研发积极性。因为，一般说来，取得物质奖酬只是发明人、设计人进行职务发明研发的外在诱因，并非进行技术研发的内在动机，个人研究目标的实现和研究兴趣的满足才是发明人、设计人进行职务发明研发的内在动机之所在，而且在很多情况下，过分地强调物质奖酬的激励作用，往往造成对内在动机的损害，即产生侵蚀效应。① 易言之，奖励与报酬作为衡量发明人、设计人智力劳动

---

① 冯竹青，葛岩. 物质奖励对内在动机的侵蚀效应［J］. 心理科学进展，2014（4）：685–690.

的一种价格机制，其只是配置资源的模式之一，并非唯一激励范式。① 有鉴于此，有必要在奖金、薪酬等物质性奖酬的基础上，增加公司股权、晋升机会、优秀称号等多样化职务发明奖酬形式，构建物质奖励与精神奖励相结合的职务发明奖酬机制，实现传统行业中发明人、设计人奖酬的多样化，从而充分激发发明人、设计人的技术研发动力，促进传统行业技术创新能力的提升，推进传统行业的转型升级进程。

第二节　职务发明专利权益分享规则调适性释义模式之应用

在职务发明专利权益分享制度中，随着科学技术的飞速发展，在发明创造的每一个阶段，无论是研发、生产还是销售，单位与发明人、设计人都需要花费大量的时间和金钱，因而，对于单位与发明人、设计人来说，发明创造不仅是一个艰难的历程，更是一个巨大的风险，研发的过程就像一场赌博。② 基于此，职务发明创造的研发模式也随着技术的进步而不断革新，这往往也就造成单位与发明人、设计人之间职务发明专利权等相关财产权利的原有配置方式无法完全适应技术创新与运用的需要，因而，有必要对现行的职务发明专利权益分享制度作出调适性的解释，以确保职务发明归属机制在新发明管理模式中的有效运行，实现职务发明权属的优化配置。

职务发明专利权益分享制度的调适性释义，是应对职务发明创造的研发模式改变所引发的法律适用上的难题的必然选择。③ 正如德国学者伯恩·魏德士所说，对法律及法律适用的理解不是纯粹的复制行为，而总是创造性的、由意志控制的行为。④ 因而，针对新兴的发明管理模式产生（例如"中央集

---

① 蒋舸. 职务发明奖酬管制的理论困境与现实出路 [J]. 中国法学, 2016 (3)：125 – 144.

② DRATLER J J. Incentives for People：The Forgotten Purpose of the Patent System [J]. Harvard Journal on Legislation, 1979, 16 (1)：129.

③ 刘鑫. 合作研发关系中的职务发明权利归属问题研究 [J]. 科技与法律, 2017 (6)：32 – 38.

④ 魏德士. 法理学 [M]. 丁晓春, 吴越, 译. 北京：法律出版社, 2013：76.

权"式的发明管理模式）所引起的职务发明权利配置不公平、职务发明创造研发协同性加强（例如多单位合作研发情形）所造成的职务发明权利配置不经济、特殊劳动关系（例如特殊的劳务派遣法律关系）所带来的职务发明权利配置不明确所导致的职务发明权利配置不均衡等诸多职务发明创造的研发模式改变所造成的制度运行困境，应当进行调整性、适应性的法律解释，以确保职务发明专利权益分享制度的有序运行，实现单位与发明人、设计人之间的利益平衡，激发创新活力，推动社会进步。

一、基于中央集权模式的职务发明专利权益分享规则适用进路

作为一种新型的知识产权管理模式，"中央集权"模式为外资企业和跨国企业等大型集团公司所广泛采用。在"中央集权"的知识产权管理模式下，单位通过与发明人、设计人签订的内部协议来实现职务发明创造无偿或低价转移、由某一家子公司来集中管理、对外许可收费、其他子公司使用亦需付费，这种内部转移定价的方式，似有规避法律之嫌。[①]

（一）中央集权模式中的职务发明专利权属争议

随着科技进步对经济发展的影响不断增强，企业的发展与盈利也越来越依赖于新产品和新工艺的研发与创造，与此同时，基于当前发明创造高投入、高风险的特性，企业对于了解发明的细节，并主张发明权属的诉求也变得愈发强烈。因而，高度统一的"中央集权"式的知识产权管理模式应运而生。在"中央集权"模式中，大型集团公司（单位）的每一个分支机构对职务发明创造的管理策略都是统一的，即职务发明创造的专利权或申请专利的权利归属于一个专门机构或子公司，由其进行职务发明创造的对内及对外许可。[②]高度统一的"中央集权"式的知识产权管理模式实现的核心则在于单位与发明人、设计人所签订的内部协议，即采用内部协议的方式，单位将职务发明

[①] 徐卓斌. 职务发明报酬纠纷中的若干法律问题 [J]. 电子知识产权，2015（7）：33–38.
[②] 陶鑫良，张冬梅. "中央集权" IP 管理模式下职务发明报酬若干问题探讨 [J]. 电子知识产权，2015（7）：26–32.

创造无偿或低价转移给自身的一个专门管理机构，实现职务发明创造统一运营和高效转化。[①] 进言之，在"中央集权"管理模式下，职务发明创造的权属争议也就在于转移职务发明创造权属的内部协议的法律效力问题，即单位与发明人、设计人所达成的这种内部协议是否存在与法律的强制性规范相抵触的情形。

此外，在"中央集权"式的知识产权管理模式下，由于职务发明创造权属的高度集中，往往会引发发明人、设计人取得奖励和报酬的阻碍。具言之，基于职务发明创造权属在单位内部的移转，发明人、设计人的雇用者与职务发明创造专利权或申请专利的权利的拥有者相分离，其中，发明人、设计人的雇用者与其具有劳动关系，但并不享有职务发明创造的财产权利，并未获得收益；职务发明创造的拥有者通过运营职务发明创造而取得巨大盈利，但并未成立与发明人、设计人的劳动关系。财产权利的欠缺与劳动关系的缺失也就成为二者拒绝给予发明人、设计人奖励和报酬的抗辩理由。在大型跨国集团企业中这一问题更加严重，由于发明人、设计人的雇用者和职务发明创造拥有者往往设立于不同国家，法域的差异会进一步加剧发明人、设计人取得奖励和报酬的阻碍。例如，上海市高级人民法院审结的张某锋诉3M公司职务发明报酬案，[②] 在该案中，原告张某锋在担任3M中国公司研发工程师期间参与"反射偏振片和具有该反射偏振片的显示装置"的研发，而该职务发明创造的专利权则由美国3M创新公司所享有，张某锋作为发明人、设计人，在诉请单位3M给予职务发明报酬时，就产生了雇用者3M中国公司和专利权拥有者美国3M创新公司谁是职务发明报酬的支付主体，以及我国《专利法》的相关规定能否适用于跨境完成的职务发明创造的问题。

（二）中央集权模式中现行法规的调适性释义

诚然"中央集权"式的知识产权管理模式可以有效地提高单位对于职务

---

① 刘鑫. 合作研发关系中的职务发明权利归属问题研究 [J]. 科技与法律，2017（6）：32－38.

② （2012）沪一中民五（知）初字第240号民事判决；（2014）沪高民三（知）终字第120号民事判决。

发明创造的支配能力，推进职务发明创造的高效运用，使技术的进步迅速转化为市场上的竞争优势和经济利益，但是，如前所述，为实现职务发明创造的"中央集权"式高度统一的管理与运营，单位内部及单位与发明人、设计人之间职务发明创造权属移转内部协议存在法律效力上的疑问，以及职务发明创造无偿或低价转移而造成发明人、设计人的雇用者与职务发明创造的财产权利的拥有者相分离，进而衍生出发明人、设计人获得奖励和报酬的权利实现受阻的问题。面对这些争议，在职务发明专利权益分享制度运行的过程中，亟须进行相关规则的适用解释。

1. 中央集权模式中内部协议法律效力的解释

单位内部以及单位与发明人、设计人之间职务发明创造权属转移的内部协议的有效性，是建立"中央集权"式的职务发明管理模式的基础与前提。根据我国《专利法》所确立的职务发明专利权归属的约定优先原则，单位与发明人、设计人之间对于职务发明创造专利权归属的约定优先适用了法定的权属规则。① 但是，我国《专利法》对于职务发明的专利权归属的相关规定，仅限于单位与发明人、设计人之间的权利配置，并未涉及单位内部的职务发明权属移转问题。因此，单位内部职务发明权属转移的有效性则需援引《公司法》和《民法典》的相关规定。具言之，从《公司法》层面来说，内部协议须符合公司章程的规定，且不存在抽逃出资的情形；从《民法典》层面来说，内部协议的法律效力问题应当从其是否存在违反法律法规、损害社会公共利益或他人合法权益等合同无效情形的角度予以判定。② 因此，可以说，单位内部以及单位与发明人、设计人之间职务发明创造权属转移的内部协议原则上是有效的，但是必须在相关法律法规所允许的范围之内。

2. 中央集权模式中发明人、设计人权益保护层面的解释

在"中央集权"式的职务发明创造管理模式下，发明人、设计人的雇用者和职务发明财产权拥有者对于给予发明人、设计人奖酬责任的相互推诿，

---

① 参见《中华人民共和国专利法》第6条第3款之规定。
② 参见《中华人民共和国民法典》第154条之规定。

是引发发明人、设计人权益受损的重要原因。虽然一般来说，二者往往隶属于相同的集团企业，但是，在部门利益的驱使下，二者往往都不愿承担给予发明人、设计人奖酬责任。这一问题的产生，究其根本，是由无偿或低价转移职务发明创造的内部协议所引起的，无偿或低价的职务发明创造转移模式是单位实施高效的知识产权管理与运营的需要，但对于发明人、设计人难免有不公平之嫌。诚然，在合法合理的条件下，内部协议的效力应该被予以承认，且单位与发明人、设计人订立这一协议时，也是建立在平等自愿的基础之上的，但是，从职务发明法律关系的特殊性来说，处于弱势地位的发明人、设计人往往别无选择，并没有拒绝的机会。因为在实践中，转移职务发明创造权属的内部协议往往由单位制定，并存在于劳动合同之中或者在研发工作开始前事先同发明人、设计人签订。易言之，从发明人、设计人角度来说，内部协议实质上是在研发前单位事先与其订立的移转职务发明创造权属的格式合同。因此，为保护发明人、设计人获得奖酬的合法权益，有必要从内部协议的格式合同的本质出发，明确作为协议条款的提出者的单位应对其中不明确的规定负责，并根据其字面含义及上下文联系尽量作出有利于发明人、设计人的解释。如若在格式条款之外，单位与发明人、设计人有个别约定的，个别约定应当被予以优先适用。[1] 此外，针对发明人、设计人的雇用者和职务发明财产权拥有者推诿责任的情形，应当要求单位内部协议明确规定给予发明人、设计人奖励和报酬的机构，并在此基础上制定明确的职务发明奖酬标准与规则，以保障发明人、设计人的合法权益。

二、基于合作研发情形的职务发明专利权益分享规则适用进路

作为一种特殊的技术研发模式，多单位的合作研发是当前技术创新集约化的必然趋势，是不同单位之间的知识共享及资源的优化组合。合作研发不仅是单位之间的合作，同时也意味着隶属不同单位的发明人、设计人之间的合作，在这种情况下，职务发明创造专利权归属的确定也会变得更加复杂。

---

① 拉伦茨. 德国民法通论 [M]. 王晓晔，等译. 北京：法律出版社，2003：779 – 780.

（一）合作研发情形下的职务发明专利权属争议

多单位合作研发的实质是合作伙伴间通过开放企业边界共享对方的互补性技术知识，以创造新的知识资产。[①] 在多变的动态环境下，企业（单位）自身运作难度大、成本高、风险高，而通过合作可以共享他人资源、分担风险和成本，会加速企业（单位）对于新技术和新技能合作研发并在实现单位间知识共享的同时，一定程度上也意味着相对较高的交易成本。基于合作研发的成果往往由各合作方共有，因而任何一个合作方要想使用合作研发的成果，则必须获得其他合作方的许可，只要有一个合作方反对，就无法使用该成果。[②]进言之，若合作研发的成果为职务发明创造，则使用该成果的交易成本将更加高昂。因为在这种情况下，职务发明创造的研发不仅是单位之间的合作，同时也意味着隶属不同单位的发明人、设计人之间的合作。某一合作方（某一单位）对合作研发的职务发明创造的使用，在获得其他单位的许可的同时，还需要对职务发明创造产生的效益进行衡量，并对发明人、设计人（其中包括自己的发明人、设计人，也包括其他合作方的发明人、设计人）给予奖励或报酬。

如图 6-1 所示，职务发明创造合作研发过程中，单位 A 和单位 B 展开合作共同研发一项发明创造，而该项发明创造由隶属于单位 A 的发明人、设计人单位 C 和隶属于单位 B 的发明人、设计人单位 D 合作进行具体研发工作。在这种情况下，单位 A 或者单位 B 的任意一方要想取得职务发明创造的专利权或者申请专利的权利都必须取得另一合作方的支持，而且其使用职务发明创造时，不仅要给予自己的发明人、设计人以奖酬，还须给予合作方的发明人、设计人以奖酬。在实践中，合作发明的单位往往有数家，并不只有单位 A 和单位 B 两个，各合作方的发明人、设计人也会有很多，因而也意味着会产生数倍于上例中的交易成本。此外，必须引起重视的是，在合作研发

---

① 何瑞卿，黄瑞华，徐志强. 合作研发中的知识产权风险及其阶段表现 [J]. 研究与发展管理，2006（6）：77-82.

② MERGES R P. Individual Creators in the Cultural Commons [J]. Cornell Law Review, 2010, 95（4）：793-806.

过程中，职务发明创造与非职务发明创造分界不明晰的问题将更加凸显，加剧知识外溢的风险。具言之，合作研发过程中，各个合作研发者往往受雇于不同的单位，而基于劳动合同关系的相对性，单位无法有效控制其合作方发明人、设计人的研发活动，加之发明人、设计人本身所具有的自益倾向，他们会更多地故意隐藏职务发明创造，将研发成果据为己有，从而摆脱雇佣关系的束缚。如若隶属于不同单位的发明人、设计人恶意串通故意隐藏职务发明创造，则会使职务发明创造的知识外溢问题更加复杂，职务发明的权属争议也会更加激烈。[①]

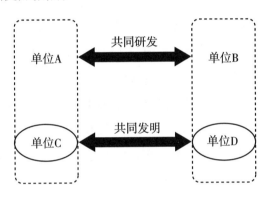

图6-1　职务发明创造合作研发法律关系示意图

（二）合作研发情形下现行法规的调适性释义

诚然，多单位的合作可以提高研发效率，降低研发成本，实现资源的高效利用，但是，如前所述，多单位的合作研发会引发诸多职务发明创造的权属争议，造成职务发明专利权益分享制度的失灵，为各合作方带来不必要的风险。鉴于此，有必要立足多单位合作研发的特殊法律关系，对职务发明专利权益分享制度进行合理的解释，以化解合作研发中的职务发明权属争议，保证职务发明制度能够有效应对多单位合作研发中可能出现的复杂法律风险，从而实现职务发明专利权益分享制度的高效运行。

---

① 刘鑫. 合作研发关系中的职务发明权利归属问题研究 [J]. 科技与法律，2017 (6)：32-38.

1. 合作研发情形下约定归属规则的解释

在多单位合作研发过程中，为避免职务发明创造的权属争议，保证职务发明创造有效转化运用，各合作方一般会在研发工作开展之前对发明成果的专利归属以及各方利用发明成果的方式和收益分配的方式予以事先约定。然而，在实践中，各个合作单位之间的约定往往难以完全适应现实中可能出现的诸多复杂情形，这也就需要对单位之间通过约定所形成的职务发明创造归属规则进行合法理、合目的的解释。具体说来，对于多单位合作研发中约定归属规则的解释可以分为两个层面：一是合法理解释。从尊重各合作方意思自治的角度出发，职务发明创造的约定归属规则具有适用上的优先效力，但这并不意味着各个单位可以肆无忌惮地进行约定，其约定规则的适用不得有悖于国家、社会的公共利益和他人的合法权益，尤其是发明人、设计人获得奖励和报酬的权利，通过权利配置与权利限制的协调来实现知识产权法所强调的利益平衡精神。① 二是合目的解释。目的解释，指从制定某一法律的目的来解释法律。② 目的解释之"目的"系指某法律之整个目的而言，非如法意解释之"法意"系指法条之立法旨趣或立法本旨而言。③ 因而，在对各合作单位合意形成的职务发明创造的约定归属规则进行解释时，不能仅仅从约定的文本意思出发，还必须考量各合作方约定职务发明归属的根本目的，从有利于促进研发成果转化运用和有利于实现各方单位之间以及单位和发明人、设计人之间利益平衡的维度进行解释。

2. 合作研发情形下法定归属规则的解释

在各合作单位对职务发明创造专利权归属没有约定、约定不明、约定无效的情形下，法定归属规则方予以适用。因而，可以说，法定归属规则是具有指导性和兜底性的。根据我国《专利法》所确立的职务发明法定归属规则，职务发明创造的申请专利的权利由单位享有。④ 但是，在多单位合作研

① 吴汉东. 试论知识产权限制的法理基础 [J]. 法学杂志, 2012 (6)：1-7.
② 沈宗灵, 张文显. 法理学 [M]. 2版. 北京：高等教育出版社, 2009：430.
③ 杨仁寿. 法学方法论 [M]. 2版. 北京：中国政法大学出版社, 2013：172.
④ 参见《中华人民共和国专利法》第6条之规定。

发过程中，对于职务发明创造的专利权或者申请专利的权利如何在各个单位之间分配，则相关法律规范并未予以明确规定，因此，有必要对职务发明创造的法定归属规则进行解释，实现法定归属规则在多单位合作研发关系中的有效适用。从合作研发的本质来说，多单位的合作研发是各个单位所拥有资源的共享与配合，因此，研发成果应当由各合作方所共有，而基于发明创造大多不可分割的性质，各方单位对于职务发明创造的共有也往往以共同共有形式存在，而非按份共有。进言之，财产的平等共有可以区分为积极共有和消极共有。其中，积极共有是指资源由全体共有权人所共有，任何人要对共有物享有权利都必须经过全体共有权人同意；而消极共有则是指资源不属于任何人，任何人都可以对该资源行使权利。[①] 一般说来，法律将共同共有关系设定为积极共有的模式，但是，基于发明创造研发投入大、更新换代周期短的特点，为了推动职务发明创造的高效转化运用，在多单位共同共有职务发明的关系中，将这一共有关系解释为消极共有更为妥当，任何一个合作单位运用合作研发的成果都不必经过其他合作方的同意，只需与其他合作方分享收益即可。此外，尤为值得重视的是，针对多单位合作研发中所存在的需要给予隶属于合作方发明人、设计人以奖励或报酬的问题，必须明确单位给予自身发明人、设计人和其他合作方单位奖励或报酬标准的一致性，禁止单位差别对待。

三、基于劳务派遣关系的职务发明专利权益分享规则适用进路

作为一种特殊的劳动力提供模式，劳务派遣关系中劳动者雇用和使用相分离，即劳动者（发明人、设计人）受雇于派遣机构而服务于要派机构。而在派遣过程中，发明人、设计人完成的职务发明的专利权归属存在法律适用上的困境，即原本发明人、设计人和单位两者之间的权利博弈演化为劳动者（发明人、设计人）、派遣机构、要派机构三方之间的权利争夺。

---

① 德霍斯. 知识财产法哲学［M］. 周林，译. 北京：商务印书馆，2008：3.

（一）劳务派遣关系中职务发明的专利权属争议

基于劳动力与劳动者人身的不可分离性，为了避免陷入奴隶和封建时代基于身份实力支配而形成的强迫劳动和"中间压榨"，国际劳工组织（ILO）在成立伊始就将"劳动不是商品"确立为基本原则。① 然而，随着经济全球化进程的推进，劳务派遣等非典型劳动关系得到巨大发展，国际劳工组织也不得不做出妥协。劳务派遣制度起源于 20 世纪初的美国，随后迅速扩展到欧洲和日本。我国劳务派遣的繁荣则出现在改革开放后，大量外企和外资的涌入也带来了劳务派遣等新的劳动关系模式。这一制度在展现出降低用工成本和减少用工风险优势的同时，也带来了派遣单位与用工单位互相推诿法律义务的弊端。鉴于此，我国《劳动合同法》以专节来规范劳务派遣法律关系，其主要内容就是划清派遣单位和用工单位的法律义务。②

如图 6 - 2 所示，在劳务派遣制度中，存在劳动者（发明人、设计人）、派遣机构、要派机构三方的复杂关系，其中包括劳动者（发明人、设计人）和派遣机构之间以劳动合同为基础的劳动法律关系（劳动者受聘于派遣机构到要派机构工作，由派遣机构支付工资、福利和社会保险）、派遣机构和要派机构以劳务派遣合同为基础的合同法律关系（派遣机构提供适合的劳动者，要派机构支付约定的对价）、劳动者（发明人、设计人）和要派机构之间基于上述劳动合同和劳务派遣合同而形成的延伸法律关系（劳动者为要派机构工作并接受要派机构管理，要派机构提供必要的工作条件）。因而，对于劳动者而言，用人单位呈现为两个层次：派遣机构和要派机构作为两个独立的主体共同行使用人单位的职能。③ 换言之，对于发明人、设计人而言，其职务发明的单位也显然具有派遣机构和要派机构两个层次，职务发明应当归属于派遣机构还是要派机构的法律争议也由此引发。具体说来，日本学者奥田进一曾将日本理论界的观点总结为三种学说，即以实际上的薪金支付者

---

① 林嘉，范围. 我国劳务派遣的法律规制分析 [J]. 中国人民大学学报，2011（6）：71 - 80.

② 李海明. 劳动派遣法原论 [M]. 北京：清华大学出版社，2011：89.

③ 王全兴，侯玲玲. 劳动关系双层运行的法律思考：以我国的劳动派遣实践为例 [J]. 中国劳动，2004（4）：18 - 21.

为基断标准的学说、以单位有无实质上的指挥监督关系为基断标准的学说和以提供重点物质者为单位的学说。[①] 进言之，基于劳务派遣制度的法律特征，第一种学说实质上认为职务发明应归属于派遣机构，而第二种和第三种学说则将职务发明赋予要派机构。我国也有学者依据专利法鼓励创新的目的、派遣单位和要派单位的性质，认为要派单位应该为《专利法》第 6 条规定的"本单位"，即职务发明应归属于要派机构。[②] 笔者认为这一观点失之偏颇。诚然，职务发明系完成要派机构之任务或利用要派机构的物质技术条件所完成，其对于要派机构发展的意义重大，但是在劳务派遣关系中，劳动者（发明人、设计人）与要派机构人身依附关系较弱，劳动者（发明人、设计人）付出的智力劳动的重要程度也应该作为关键要素予以考量，而不应直接将职务发明的归属认定为要派机构。

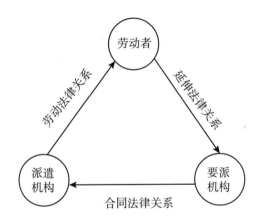

图 6 - 2　劳务派遣中劳动者、派遣机构、要派机构关系

（二）劳务派遣关系中现行法规的调适性释义

诚然，我国职务发明专利权益分享制度相对完善，能够有效地在发明人、设计人与单位之间配置职务发明创造的专利权等相关财产权利，但是，针对存在发明人/设计人、派遣机构、要派机构三方主体的劳务派遣关系，现行的

---

① 奥田进一. 论日本雇佣形态的变化及职务发明的处置 [J]. 中外法学，1997（2）：116 - 120.

② 张玲，朱冬. 论劳动力派遣对职务发明创造规则的冲击及立法建议 [J]. 法学家，2006（5）：118 - 122.

职务发明制度应对起来往往捉襟见肘。鉴于此，有必要通过适当的法律解释来弥补现行职务发明专利权益分享制度的不足，从而有效规范劳务派遣中职务发明创造的专利权归属问题，保证职务发明制度在劳务派遣中的良好运行。①

1. 劳务派遣关系中约定归属规则的解释

根据我国《专利法》第6条第3款的规定，职务发明的专利权归属采取约定优先的制度结构，单位与发明人、设计人对于职务发明专利权等相关财产权利的约定归属协议优先适用于法定归属规则。在劳务派遣法律关系中，约定归属规则的适用不仅涉及单位与发明人、设计人之间的权利配置，而且还存在派遣机构和要派机构之间权利分配的问题，因此，有必要从契约订立方式和订立时间两个方面来对职务发明专利权等相关财产权利的约定归属规则进行法律适用上的解释，确保职务发明专利权归属的约定优先原则在劳务派遣法律关系中的有效运行。具言之，从契约订立的方式上看，可以分为共同约定模式和分别约定模式。共同约定模式即是发明人（劳动者）、派遣机构、要派机构三方当事人共同对职务发明的专利权归属和利益分配事项进行约定并订立契约；而分别约定模式则是基于劳务派遣中原有的契约关系，由发明人（劳动者）和派遣机构、派遣机构和要派机构分别就职务发明的专利权归属和利益分配事项作出约定。从契约订立的时间上看，可以分为事前约定模式和事后约定模式。详言之，事前约定模式是指发明人（劳动者）、派遣机构、要派机构三方当事人在已签订的劳动合同及劳务派遣合同中约定职务发明的利益分配方式；而事后约定模式则是指三方当事人采取签订新的专利权（专利申请权）转让合同或者许可合同来进行利益的再分配。

2. 劳务派遣关系中法定归属规则的解释

在我国"雇主优先"的职务发明专利权归属模式下，依据法定归属规则，无论是"履行职务"所完成的职务发明创造，还是"利用资源"所完成

---

① 刘鑫. 论劳务派遣中职务发明的权利归属和利益分配 专利法和劳动法双重视角的探析 [J]. 电子知识产权，2015（7）：39-44.

的职务发明创造，其专利权或者申请专利的权利原则上都归属于单位。然而，在劳务派遣关系中，由于派遣机构和要派机构共存所形成的单位的双重性，利用法定归属规则来确定职务发明专利权归属时，也产生了派遣机构和要派机构谁是《专利法》上所称"本单位"的争议，因此，有必要对职务发明专利权及相关财产权利的法定归属规则进行适当的解释，以确定劳务派遣关系中职务发明的专利权归属。如前所述，简单地将职务发明专利权或申请专利的权利赋予派遣单位或要派单位一方的做法并不妥当。鉴于此，在解释职务发明法定归属规则的过程中，应当衡量发明人、设计人（劳动者）的智力投入和派遣机构与要派机构的物质投入，协调三方当事人的合法权益，使发明人（劳动者）、派遣机构、要派机构都能获得应有的回报。具体说来，在劳务派遣关系中，职务发明专利权及相关财产权利法定归属规则的解释可分为如下三个方面：首先，基于职务发明对要派单位的重要作用，职务发明专利权或专利申请权由要派单位享有；其次，发明人（劳动者）享有署名、获得发明奖励及合理报酬的权利；最后，基于派遣单位在职务发明中的贡献主要体现在对优秀劳动者的选任，属于其劳务派遣合同义务的范畴，而考虑到职务发明的巨大经济价值，故可以劳务派遣报酬为基准给予其一定比例的工作奖励。

第三节　职务发明专利权益分享纠纷
多元化解决机制之构建

在职务发明专利权益分享制度的运行过程中，单位与发明人、设计人对职务发明含义在理解上的不一致，双方对职务发明专利权归属约定的不明确，一方当事人故意隐瞒职务发明创造等情形都是引发职务发明专利权归属纠纷的重要原因。基于我国《专利法》"雇主优先"的职务发明专利权归属模式，职务发明创造的权属纠纷更多地表现为发明人、设计人私下将发明创造以个人或他人名义申请专利，单位发现后进行权利追索的情形。此外，如前文所述，在多单位合作研发过程中，职务发明的权属纠纷还可能发生在多个单位之间，并且在劳务派遣关系中职务发明的权属纠纷会存在于发明人/设计人、要派机构和派遣机构三者之间。鉴于此，有必要对职务发明专利权益分享纠纷的处理策略与解决途径加以深入探讨，以实现单位与发明人、设计人之间的利益平衡。①

职务发明专利权益分享纠纷的多元化规制，是化解职务发明专利权益分享制度运行过程中可能产生的权益分享纠纷的有效手段。职务发明权属纠纷从本质上来说是一种民事纠纷，其解决方式与其他民事纠纷解决方式并无太大差异，即包括单位内部解决、当事人协商、行政救济、司法救济等。② 多元化的职务发明权属纠纷解决机制，即指为职务发明权属纠纷设定自主协商、行政干预和司法救济等多种纠纷解决方式供当事人选择，而非只能通过诉讼的司法救济方式来化解纠纷。毋庸置疑，司法救济方式是解决法律纠纷最有效的手段，其所具有的强对抗性却不利于劳动关系的维系，发明人、设计人一旦发起诉讼，往往会面临失去工作的风险。③ 而在职务发明专利权益分享纠纷的多元解决机制下，司法救济则并非发明人、设计人的唯一选择，且各种纠纷解决方式互为补充，共同形成职务发明权属争议与纠纷的解决体系。下文将从自主协商机制、行政干预机制和司法救济机制三个层面对职务发明专利权归属纠纷的多元解决机制分别加以论述。

一、职务发明专利权益分享纠纷自主协商机制的具体规范设计

自主协商机制作为职务发明专利权归属纠纷多元解决体系的组成部分之一，是化解职务发明权属纠纷最便捷、最经济的方式。具言之，在职务发明权属纠纷的处理过程中，自主协商机制的应用可以分成内部协商和外部协商

① 韩威威. 中国职务发明纠纷多元解决机制探究（英文）[J]. 科技与法律（中英文），2021（2）：128-140.
② 吴艳. 论职务发明纠纷解决机制：兼评《职务发明条例草案（送审稿）》[J]. 中国软科学，2015（3）：9-11.
③ 戴哲. 论我国职务发明纠纷解决方案的完善：基于设立职务发明委员会的视角 [J]. 大连理工大学学报（社会科学版），2022（4）：91-99.

两个层面。其中，内部协商是指在某一单位内部，单位与发明人、设计人之间针对某一职务发明创造专利权归属纠纷进行平等协商，以明确该项职务发明创造的专利权归属，实现单位与发明人、设计人之间的利益平衡；外部协商则指在多单位合作研发或者劳务派遣等特殊情形下，不同单位之间针对一项或多项职务发明创造的专利权归属纠纷进行平等协商，以明确争议职务发明创造的专利权归属，确保高效地转化运用。

（一）单位与发明人、设计人之间的内部协商

在职务发明创造的专利权归属纠纷的协商解决机制中，内部协商是化解某一单位内部单位与发明人、设计人之间针对一项或多项职务发明创造专利权归属争议的重要途径。在职务发明创造的研发过程中，作为智力投入者的发明人、设计人和作为物质投入者的单位之间关于研发成果专利权及相关财产权利的争夺，是引发职务发明创造的专利权归属纠纷的重要原因。因此，有必要建立职务发明创造权属纠纷的内部协商机制，推进单位与发明人、设计人之间职务发明权属争议的有效解决。下面将从基本原则和运行规则两个方面来详细分析单位与发明人、设计人之间的内部协商机制的运转模式。

1. 内部协商的基本原则

为了实现单位与发明人、设计人之间的职务发明权属纠纷的有效协商解决，在内部协商机制的运行过程中，应当遵循如下基本原则：一是平等自愿原则。平等自愿原则是我国《劳动法》确定的单位与发明人、设计人签订劳动合同所应当遵循的基本原则。[①] 其中，平等是指单位与发明人、设计人在合同协商中法律地位上的平等；自愿则是指单位与发明人、设计人参与合同协商是自愿的，而不是受胁迫的。在单位与发明人、设计人进行关于职务发明权属的内部协商的过程中，平等自愿原则也是为了实现协商机制有序进行、权属纠纷合理化解所必须遵守的基本原则。二是公开协商原则。公开协商原则是为确保内部协商公平合理地进行而设立的。单位与发明人、设计人采用公开的方式进行职务发明权属的内部协商，一方面便于工会组织及其他发明

---

① 参见《中华人民共和国劳动法》第17条之规定。

人、设计人对内部协商的过程进行监督；另一方面也可以为单位与发明人、设计人今后再进行内部协商提供有效的指导。三是发明人、设计人权益保护原则。发明人、设计人权益保护原则是为了避免单位利用优势地位故意损害发明人、设计人利益而制定的，基于单位与发明人、设计人相互关系中，发明人、设计人所固有的弱势，要实现内部协商的公平、有序进行，发明人、设计人权益保护原则的制定是必不可少的。

2. 内部协商的运行规则

为了确保单位与发明人、设计人之间针对职务发明权属的内部协商机制能够平等自愿、公开公正地进行，并充分保障发明人、设计人的合法权益，在具体的规则制定过程中，有必要引入职工大会作为单位与发明人、设计人之外的独立第三方主持内部协商机制的开启和运转，从而确保单位与发明人、设计人之间的内部协商机制的有效运行。

如图6-3所示，在职务发明权属纠纷内部协商解决机制的运行过程中，职工大会作为独立的第三方主持单位与发明人、设计人之间针对职务发明专利权归属的内部协商。内部协商机制的启动须由发明人、设计人或单位中的任何一方向职工大会提出申请，而且基于内部协商所遵循的平等自愿原则，发明人、设计人或单位中的任何一方也都有权利拒绝参与协商。内部协商机制的具体运行由职工大会依照既定的规程召集单位与发明人、设计人公开进行，以实现单位与发明人、设计人之间的利益平衡。

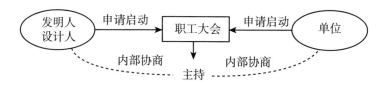

图6-3　职务发明权属纠纷内部协商解决机制运行示意图

（二）多单位相互之间的外部协商

在职务发明创造的专利权归属纠纷的协商解决机制中，外部协商是化解多单位合作研发或者劳务派遣法律关系等复杂情形下，单位相互之间职务发明创造专利权归属争议的有效途径。当前，随着技术研发工作的复杂程度不断提高，研发单位之间的合作与资源共享日益加强，单位之间关于职务发明创造专利权归属的争议与纠纷也开始增多，因此，有必要建立职务发明创造权属纠纷的外部协商机制，推进多单位相互之间职务发明权属争议的有效解决。下面将从基本原则和运行规则两个方面来详细分析多单位相互之间的外部协商机制的运转模式。

1. 外部协商的基本原则

为了实现多单位相互之间的职务发明权属纠纷的有效协商解决，在外部协商机制的运行过程中，应当遵循如下基本原则：一是公平合作原则。公平合作原则是多单位相互之间关于职务发明权属的外部协商机制有效运行的根本前提。这一原则要求各个合作单位在进行职务发明权属确定的过程中，应当本着合作的精神进行协商，不得采取过激行为。二是诚实信用原则。诚实信用原则作为确保市场经济有序运转的一项重要法律原则，是多单位相互之间关于职务发明权属的外部协商机制有效运行的关键准则。这一原则要求各个单位之间进行协商应本着善意、诚实的态度，即讲求信誉、恪守信用、意思表示真实、行为合法、不规避法律和曲解约定条款。① 三是兼顾多方权益原则。兼顾双方权益原则是多单位相互之间关于职务发明权属的外部协商机制有效运行的重要目标。这一原则要求每一单位都必须考虑到对方的意见和共同的利益，不能仅仅考虑自身的利益或者自身所在的小团体的利益。

2. 外部协商的运行规则

为了确保多单位相互之间针对职务发明权属的内部协商机制能够公平合作、诚实守信，并充分兼顾多单位各方的合法权益，在具体的规则制定过程中，有必要引入行业组织作为独立于各合作单位之外机构主持外部协商机制的开启和运转，从而确保多单位相互之间的外部协商机制的有效运行。

如图 6-4 所示，在职务发明权属纠纷外部协商解决机制的运行过程中，行业协会作为独立于各单位之外的独立机构主持单位 A、单位 B 以及单位 N 等多个合作方之间针对职务发明专利权归属的外部协商。外部协商机制的启

---

① 马俊驹，余延满. 民法原论 [M]. 3 版. 北京：法律出版社，2007：39.

动须由单位 A、单位 B 以及单位 N 等多个合作方中的任何一方向行业协会提出申请。而且，多单位之间的外部协商既可以是全体合作方之间针对整个合作研发过程中产生职务发明的权属纠纷的协商，也可以是某些合作单位之间针对相互争议专利权归属的职务发明进行协商。此外，基于多单位之间外部协商所遵循的公平合作原则、诚实信用原则以及兼顾多方权益原则，各个合作单位应当本着合作精神，诚实守信地进行协商，以协调各合作单位之间的利益诉求。

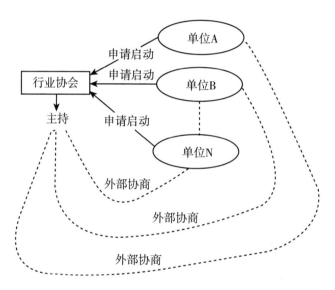

图6-4 职务发明权属纠纷外部协商解决机制运行示意图

二、职务发明专利权益分享纠纷行政干预机制的具体规范设计

行政干预机制作为职务发明专利权归属纠纷多元解决体系的组成部分，是化解职务发明权属纠纷最直接、最高效的方式。具言之，作为职务发明专利权归属纠纷行政干预的主体，行政部门在职务发明制度实施过程中的具体作为方式主要有两种：一种是监督检查处理，另一种是行政调解。① 前者的

---

① 吴艳. 论职务发明纠纷解决机制：兼评《职务发明条例草案（送审稿）》［J］. 中国软科学，2015（3）：9-11.

职能主要在于开展职务发明权属纠纷的事前防范与事中纠正；而后者则适用于职务发明权属纠纷的事后解决。因而，可以说，行政监督机制和行政调解机制覆盖职务发明专利权归属纠纷"事前"、"事中"及"事后"各个环节，贯穿职务发明专利权归属纠纷"预防""纠正""解决"各个层面。①

（一）行政监督机制的运行

在职务发明专利权归属纠纷多元解决体系中，行政监督机制是涉及职务发明专利权归属纠纷"事前"预防和"事中"纠正的重要行政手段。具言之，行政监督机制的高效运行，不仅意味着可以在职务发明专利权归属纠纷发生之前进行可行的预防，而且也意味着在职务发明专利权归属纠纷的发生过程中予以适当的纠正，以有效地化解职务发明创造的权属纠纷，实现各方的利益平衡。鉴于此，下文将从职务发明专利权归属纠纷的行政监督机制的"事前"预防功能和"事中"纠正功能两个层面来分别展开论述。

1. "事前"行政监督机制的运行

目前正在向社会公开征求意见的《职务发明条例草案（送审稿）》，明确规定知识产权行政监督管理部门可以依照发明人、设计人或者单位的申请或者根据相关的举报信息对职务发明专利权益分享制度的运行情况进行监督检查，此外，其还赋予行政监督管理部门以查阅相关劳动合同、规章制度等材料，以及询问相关当事人的权利。② 这一规定是知识产权行政主管机关对职务发明专利权益分享制度的运行进行"事前"监督检查的法律依据。诚然，我国的《职务发明条例草案（送审稿）》仍处于审议阶段，尚未生效，但是，这样的规定在很大程度上彰显出当前我国重视职务发明权属纠纷"事前"行政监督的立法趋势与政策导向。

在职务发明专利权归属纠纷解决机制中，"事前"行政监督无疑是化解纠纷，实现单位与发明人、设计人之间及单位相互之间利益平衡最快捷、最小损害的纠纷解决机制。如前所述，根据我国《职务发明条例草案（送审

---

① 刘鑫. 职务发明专利权属纠纷解决机制的构建与完善［J］. 南海法学，2017（5）：15－23.
② 参见《职务发明条例草案（送审稿）》第 32 条之规定。

稿）》的规定，职务发明专利权归属纠纷的"事前"行政监督机制，应当是依照当事人的申请或者第三人的举报而启动的。为了避免"事前"行政监督的范围无限扩大，行政监督管理机关的职权范围还被严格限制在查阅相关劳动合同、规章制度等材料以及询问相关当事人等事项之内，保证了行政监督管理机关进行"事前"监督的程序合法性，从而推进"事前"行政监督机制的有序运行，实现职务发明专利权归属纠纷的有效解决。

2. "事中"行政监督机制的运行

目前正在向社会公开征求意见的《职务发明条例草案（送审稿）》，明确规定行政监督管理部门在监督检查过程中，发现未依法落实职务发明专利权归属相关规定的，可以责令限期改正，并给予警告。[①] 这一规定是行政监督管理机构对职务发明专利权归属争议与纠纷进行"事中"纠正的重要法律依据，并且为"事中"行政监督机制的运行提供了明确的争议处理和纠纷解决模式。此外，在赋予行政监督管理机构以"事中"行政监督处理权力的同时，也对行政监督管理机构提出了依法行使职权，并对监督检查过程中知悉的商业秘密予以保密的要求。[②] 如此一来，职务发明专利权归属的"事中"行政监督机制就可以在法律规定的范围内有序地运行，从而有效地纠正实践中可能出现的职务发明专利权归属不公正、不合理的问题。

在职务发明专利权归属纠纷解决机制中，"事中"行政监督是化解纠纷，实现单位与发明人、设计人之间及单位相互之间利益平衡最直接、最高效的纠纷解决机制。具体说来，在行政监督管理机关对职务发明专利权归属问题进行"事中"行政监督的过程中，对单位之间未依法落实职务发明专利权归属的监督处理手段主要表现为责令未经其他合作单位许可而擅自实施职务发明创造的合作方停止实施该职务发明创造，并将其收益公平合理地分配给其他合作单位。而对单位与发明人、设计人之间未依法落实职务发明专利权归属而责令其限期改正的监督处理手段可以分为两种情形：一种是对发明人、

---

① 参见《职务发明条例草案（送审稿）》第33条第2款之规定。
② 参见《职务发明条例草案（送审稿）》第33条第1款之规定。

设计人故意隐瞒职务发明创造而自己申请专利行为的纠正，即将该专利权或申请专利的权利交还单位，并责令发明人、设计人将其所获收益返还单位；另一种则是对单位将非职务发明作为职务发明申请专利行为的纠正，即将该专利权或申请专利的权利交还发明人、设计人，并责令单位将其所获收益返还发明人、设计人。

（二）行政调解机制的适用

在职务发明专利权归属纠纷多元解决体系中，行政调解机制是化解职务发明专利权归属纠纷的重要行政性措施。相对于行政监督机制对于职务发明专利权归属纠纷的"事前"预防功能和"事中"纠正效果，行政调解机制是职务发明专利权归属纠纷激化后的"事后"处理手段。目前正在向社会公开征求意见的《职务发明条例草案（送审稿）》也对职务发明专利权归属纠纷的行政调解机制进行明示的规定，即在职务发明专利权归属纠纷发生后，"当事人可以请求县级以上人民政府知识产权行政部门调解"。[①] 然而，在实践中，行政调解机制往往难以达到其预想的效果，无法有效地化解职务发明专利权归属纠纷。鉴于此，有必要对行政调解机制的运行问题进行深入探究，并提供可行的完善举措。

1. 行政调解机制的运行问题

基于当前我国职务发明专利权归属纠纷的行政调解机制缺乏周密、严格的运行规范的现状，在行政调解机制的运行中，呈现出诸如调解机制程序性不足、调解协议约束力不强、调解结果指导性不良等一系列问题，下文将分述之。

一是行政调解机制程序性不足的问题。在职务发明专利权归属纠纷行政调解机制的运行过程中，程序性的不足一方面会引发当事人的机会主义行为，即产生发明人、设计人或单位恣意操控程序的情况；另一方面也会造成行政调解机构滥用职权而主导程序的情况。这将严重制约行政调解机制充分发挥其处理职务发明专利权归属纠纷的积极作用和良好效果。

---

① 参见《职务发明条例草案（送审稿）》第 40 条第 1 款之规定。

二是行政调解协议约束力不强的问题。在职务发明专利权归属纠纷行政调解机制的运行完成后，当事人所达成的调解协议从本质上说还是契约性质的规范，并不像法院的判决一样具有强制执行的法律上的约束力。因此，这就往往造成当事人可以无所顾忌而故意撕毁调解协议的情况，职务发明专利权归属纠纷则仍须通过诉讼的途径予以解决。

三是行政调解结果指导性不良的问题。在职务发明专利权归属纠纷行政调解机制的运行中，调解结果往往是在调解人主持下当事人相互协商、相互妥协所达成的合意，并不是像判决结果一样严格地依照法律的规定而得出的。因此，可以说，尽管调解可以解决特定当事人之间的纠纷，但无法对权利人可能遇到的同样的知识产权纠纷提供参考标本。[①]

2. 行政调解机制的完善举措

针对我国职务发明专利权归属纠纷的行政调解机制所存在的诸多问题，应当从提高调解机构的专业化、提升调解工作的专业化、增强调解规则的程式化和实现调解效力的强制化四个方面入手来完善行政调解机制，从而有效地化解职务发明专利权归属纠纷，实现各方当事人之间的利益平衡。

首先，调解机构专门化的提高是完善职务发明专利权归属纠纷行政调解机制的必需举措。在知识产权行政主管部门中，设立专门的机构负责职务发明专利权归属纠纷的调解工作可以保证行政调解的高效运行，而不受专利审查等其他工作的影响，进而有效地提高职务发明专利权归属纠纷行政调解的成功率，充分发挥行政调解机制快捷、高效的优势，更好地协调各方权利人之间的利益冲突。

其次，调解工作专业化的提升是完善职务发明专利权归属纠纷行政调解机制的关键举措。调解工作专业化要求在行政调解机制中聘用懂技术且懂法律的具有丰富调解经验和富有责任心的调解人，不断提升调解工作的专业化水平，使调解结果获得各方当事人的信服，从而促使行政调解机制功能得到充分发挥，实现职务发明专利权归属纠纷的有效解决。

---

① 梁平，陈焘. 论我国知识产权纠纷解决机制的多元构建 [J]. 知识产权，2013 (2)：54 – 58.

再次，调解规则程式化的增强是完善职务发明专利权归属纠纷行政调解机制的核心举措。诚然，在行政调解机制中设立严格的程序很多时候会制约各方当事人为解决纠纷进行灵活的约定，但是严密的程序可以有效避免当事人的机会主义行为和调解人的滥用职权，实现职务发明专利权归属纠纷行政调解机制的有序运行。相比于一定程度上制度灵活性减损，程序公正的价值直接决定了人们对这一机制的满意度和信任度，① 因而，应当被放在更为重要的位置。

最后，调解效力强制化的实现是完善职务发明专利权归属纠纷行政调解机制的重要举措。此处所说的行政调解效力的强制化并不是指行政调解机制本身具有强制效力，而是说调解机制的运行应当依照相关的法律法规的规定进行，保证纠纷当事人最后达成的调解协议最大限度靠近审判的结果，从而增强行政调解在效力上的权威性，并最大限度地彰显出强制化的趋势，为有效地化解职务发明专利权归属纠纷提供保障。

三、职务发明专利权益分享纠纷司法救济机制的具体规范设计

司法救济机制作为职务发明专利权归属纠纷多元解决体系的组成部分，是化解职务发明权属纠纷最权威、最稳定的方式。具言之，在职务发明专利权归属纠纷的解决过程中，司法救济作为最后一道屏障，具有终局性的特点，对权属纠纷的有效化解起着至关重要的作用。特别需要注意的是，民事纠纷的司法救济其实并不仅仅包含人们所熟知的诉讼程序，还应当包含司法调解、具有准司法性质的仲裁程序等非诉讼纠纷解决机制（ADR）程序。鉴于此，有必要从 ADR 程序的引入和民事诉讼程序的完善两个层面来具体而全面地探索职务发明专利权归属纠纷的司法救济机制的建构路径与运行方式。

（一）ADR 程序的引入

ADR（Alternative Dispute Resolution），一般被译为"替代性纠纷解决方

---

① 苏新建. 程序正义对司法信任的影响：基于主观程序正义的实证研究 ［J］. 环球法律评论，2014（5）：21－32.

式"，是诉讼制度以外的非诉讼纠纷解决程序或机制的总称。① ADR 作为一种纠纷解决程序，不同于正式的诉讼程序，它往往是由一个或几个中间人来处理或者协助争议各方解决纠纷。② 易言之，在诉讼程序之外，磋商、仲裁等 ADR 程序也是合法的，并被广泛运用的处理和解决法律纠纷的重要程序。③ 鉴于此，下文将以司法调解机制和具有"准司法性质"的仲裁机制为例，对 ADR 程序的运行方式进行详细剖析。

1. 调解机制的运行

作为重要的纠纷解决手段，调解机制在日常生活中被人们所广泛运用。调解机制包含法院调解、行政调解和仲裁调解等诸多类型。基于前文已经对行政调解机制进行了详尽的论述，以及下文将就仲裁机制展开分析，在此，我们将以法院调解为主要对象，探究两者在解决职务发明专利权归属纠纷时存在的问题，并提出相应的完善建议。

一直以来，"调判结合"是我国法院所采用的解决民事纠纷的方式，然而，为优化我国的民事诉讼制度，保障司法公正，在理论界与实务界主张调解与审判相分离的呼声越来越高。④ 具言之，运用调解机制来化解职务发明专利权归属纠纷是发明人、设计人和单位及各方当事人为了维护相互之间的友好关系，并快捷、经济地明确专利权归属、化解纠纷的价值选择。然而，在我国法院长期采用"调判结合"的纠纷解决体系下，不断引发调解司法化和公权化、司法替代调解、大量调解案件进入强制执行程序等有违制度基本原理的异化现象。⑤这无疑将严重限制调解机制优越性的发挥，当事人对于诉讼方式和调解方式的选择也就没有任何意义可言了。

有鉴于此，有必要从如下两个方面来完善职务发明专利权归属纠纷的法

---

① 范愉. 非诉讼纠纷解决机制研究 [M]. 北京：中国政法大学出版社，2000：10.

② GRANBERG R S, CAVASSA S A. Private Ordering and Alternative Dispute Resolution [J]. J. Am. Acad. Matrimonial Law, 2010, 23 (2)：287.

③ LOWRY L R. Introduction：Alternative Dispute Resolution [J]. Faulkner L. Rev., 2010, 2 (2)：217.

④ 李浩. 调解归调解，审判归审判：民事审判中的调审分离 [J]. 中国法学，2013 (3)：5 – 18.

⑤ 潘剑锋. 论民事司法与调解关系的定位 [J]. 中外法学，2013 (1)：187 – 198.

院调解机制：一是实现调解机构和审判机构的分立，即在人民法院内部设立专门负责民事纠纷调解的调解机构，而不是由同一审判庭负责民事纠纷的调解和审判工作。二是实现调解人员与审判人员的独立，即要保证在人民法院内部的民事纠纷调解和审判的负责人员不相重叠，因为在机构分立的条件下，如果工作人员不加区分的话，并不能达到民事审判中审调分离的效果。只有实现人民法院民事纠纷解决的机构分离和人员独立，才能有效地避免司法审判机制对于调解机制的侵蚀，充分发挥法院调解的积极作用。这样的制度设计，可以保证职务发明专利权归属纠纷的当事人有足够的空间在调解和诉讼之间进行选择，从而更加合理地化解单位之间以及单位与发明人、设计人之间的职务发明专利权归属纠纷。

2. 仲裁机制的运行

作为重要的纠纷解决手段，仲裁机制产生于人们的长期实践之中。随着海上交通发展，资本主义商品经济空前繁荣，各国商人之间贸易往来日益增加，仲裁机制也逐渐被广泛地应用到不断增加的商事纠纷的解决之中。当今，仲裁机制的适用范围变得更加广泛，不再仅仅局限于解决商事主体之间的纠纷，公民、法人及其他组织等平等主体之间的合同纠纷和其他财产权益纠纷都在仲裁机制的调整范围。①

在职务发明专利权归属纠纷中，包括多个合作单位之间的纠纷和某一个单位内部单位与发明人、设计人之间的纠纷。在仲裁机制的适用过程中，也应当有所区分。因为前者合作单位之间的纠纷是属于平等主体之间合同纠纷；而后者单位与发明人、设计人之间的纠纷，在性质上更趋近于劳动纠纷，虽然在形式上单位与发明人、设计人之间是平等的，但是从实际的经济地位来说，单位处于明确的优势地位。进言之，多个合作单位之间的职务发明专利权归属纠纷是可以适用仲裁予以解决的，而单位与发明人、设计人之间的职务发明专利权归属纠纷在运用仲裁机制进行解决时，则需要慎重地考量，避免单位利用优势地位主导仲裁进程而损害发明人、设计人的合法权益。诚然，

---

① 参见《中华人民共和国仲裁法》第2条之规定。

在劳动争议的解决中，仲裁作为前置程序被要求予以适用，但是单位与发明人、设计人之间的职务发明专利权归属纠纷并不能完全等同于劳动纠纷，其争议的标的是专利权等相关财产权利的归属，采用仲裁前置的设定是否必要仍需进一步思考。同时，基于发明创造更新换代迅速的特点，仲裁前置模式的复杂程序也未必适当。

此外，基于职务发明创造本身具有高技术含量、高投资风险的特点，无论是多个合作单位之间的职务发明专利权归属纠纷，还是单位与发明人、设计人之间的职务发明专利权归属纠纷，在适用仲裁机制时都应该选取具备相关技术背景和法律知识的仲裁员，以保证仲裁程序有序、高效地进行，从而顺利地化解职务发明创造的专利权归属纠纷，实现相关各方的利益平衡。

（二）民事诉讼程序的完善

职务发明专利权归属纠纷作为一种特殊的民事纠纷，民事诉讼程序是解决这一纠纷最常用，也是最具权威的途径。然而，在实践中，基于发明创造的高度技术性，在目前的民事诉讼程序中，法官往往缺乏相关的专业技术知识，现行的民事诉讼程序也往往难以适应职务发明专利权归属纠纷的解决需要。我国著名法学家吴汉东教授在论述我国知识产权法院建设基本走向时，提出了审判机构专门化、审判人员专职化和审判工作专业化三个层面的建议。[①] 其实，从另一个角度来讲，审判机构的专门化、审判人员的专职化以及审判工作的专业化，同时也是完善我国知识产权民事诉讼程序的有效途径。鉴于此，下文将从设立专门化的审判机构、培养专职化的审判人员和推进专业化的审判工作三个方面来完善关于职务发明专利权归属纠纷的民事诉讼程序。

1. 设立专门化的审判机构

在职务发明专利权归属纠纷的诉讼机制完善过程中，设立专门化的审判机构是打破现有审判层级阻隔、提高审判效率的重要举措。具言之，设立专门化的审判机构是指在现行知识产权诉讼体系下，设立专门处理职务发明专

---

① 吴汉东. 中国知识产权法院建设：试点样本与基本走向 [J]. 法律适用, 2015 (10): 2 - 5.

利权归属纠纷的知识产权审判机构。随着我国北京、上海、广州三地知识产权法院的设立，我国在北京市、上海市及广东省实现了知识产权案件相对的统一审理，取得了良好的社会效果。① 为了进一步推进我国知识产权案件的统一审理，我国应该在北上广知识产权法院运行经验的基础上，在全国各地普遍设立知识产权法院。这样一来，职务发明专利权归属纠纷案件等知识产权案件就可以由知识产权法院来专门管辖，从而更好地处理涉及相关专业技术知识的案件，更加高效地处理职务发明专利权归属纠纷。此外，随着我国职务发明专利权归属纠纷的日益增多，以及知识产权审判专门化的不断加强，或许可以尝试进一步提升审判机构的专业化程度，即在条件允许的情况下，可以考虑在专门处理知识产权案件的知识产权法院内，设立专门审理职务发明案件的专门审判庭，从而更加高效地化解职务发明专利权归属纠纷。

2. 培养专职化的审判人员

在职务发明专利权归属纠纷的诉讼机制完善过程中，培养专职化的审判人员是改变现有人力资源配置、确保审判质量的重要举措。具言之，培养专职化的审判人员是指在各级人民法院中，培养既具备良好法律职业素质，又了解一定专业技术知识，能够充分胜任知识产权审判工作需要的审判人员。专职化审判人员的培养可以从两个层面入手：一方面，我国在知识产权法官的遴选过程中，就应当设定相对严格的标准，选任兼具法律素养和技术背景的法官从事知识产权审判；另一方面，可以考虑在知识产权法院或知识产权审判庭中，聘任技术调查官作为司法辅助人员，帮助法官认识技术事实问题，一定程度上充当法院与知识产权授权确权机关之间的沟通桥梁。② 审判人员在能力上的不断提升、在配备上的日趋合理，有效地保障我国知识产权审判工作的有序进行，同时也为职务发明专利权归属纠纷案件等知识产权案件的公正审理提供了必要的保障。

---

① 设置统一的知识产权法院是实现知识产权案件相对统一审理的必要路径。参见：刘银良. 我国知识产权法院设置问题论证 [J]. 知识产权，2015（3）：3–13.

② 杜颖，李晨瑶. 技术调查官定位及其作用分析 [J]. 知识产权，2016（1）：57–62.

3. 推进专业化的审判工作

在职务发明专利权归属纠纷的诉讼机制完善过程中，推进专业化的审判工作是转变现有审判工作机制、实现审判公正的重要举措。具言之，职务发明专利权归属纠纷等知识产权纠纷具有超高的技术性、专业复杂性以及前端性，导致知识产权案件裁判所涉事实极其复杂，援引法律依据异常困难。① 加之科学技术的飞速进步和雇佣关系的不断发展，职务发明专利权归属纠纷案件等知识产权案件的复杂程度日益增强，对于审判工作专业化水平的要求也不断增高。因而，有必要引入案例指导机制，通过对典型性案例的参考与借鉴来改变目前我国知识产权审判中严重存在的"同案不同判"问题。在实践中，各级人民法院应该以最高人民法院每一年度公布的指导性案例，以及最高人民法院或者各高级人民法院针对具有较大社会影响的典型性案件作出的权威、准确的裁判为参考，对自身审理的职务发明专利权归属纠纷案件等知识产权案件科学、正确地裁判，保证知识产权纠纷在裁判标准上的相对统一，推进知识产权领域的公正司法，从而高效地化解职务发明专利权归属纠纷等知识产权纠纷，实现纠纷各方之间的利益平衡。

---

① 曹新明. 我国知识产权判例的规范性探讨 [J]. 知识产权，2016 (1)：37-43.

第七章

余论：人工智能时代发明创造专利权益分享的新挑战

近年来，人工智能技术的飞速发展与广泛应用，使发明创造不再为人类所垄断。在很多领域，人工智能已经能够替代人类完成发明创造工作，形成人工智能时代的全新发明成果生成机制。在人工智能自主发明的场景下，人工智能与传统意义上辅助人类开展发明创造活动的机械、设备是有本质区别的，其进行发明创造工作的整个过程都是脱离人类干预与控制的。[①] 也就是说，作为人类创造物的人工智能在其独立进行发明创造活动中事实上是扮演着"发明人"或"设计人"角色的。早在20世纪末，这种情况便已经开始在实践中显现，例如美国泰勒博士以人工神经网络为基础开发的"创造性机器"（Creativity Machine）即发明了全新的技术方案，并已在美国获得专利保护，但是基于"创造性机器"本身发明客体的属性，泰勒博士为了避免相关技术方案的专利申请被驳回，将自己作为发明人申请专利，并未披露作为真正意义上"发明人"的"创造性机器"。[②] 未来，随着像泰勒博士所开发的"创造性机器"一样具有独立发明能力的人工智能不断增多，以及相关应用不断普及，势必会使发明创造的生成模式发生改变。相应地，由单位所主导的职务发明或许将不再是科技创新活动的主流，单位与发明人、设计人之间

---

① SCHERER M U. Regulating Artificial Intelligence Systems: Risks, Challenges, Competencies, and Strategies [J]. Harv. J. L. & Tech., 2016, 29 (2): 363-369.

② ABBOTT R. I Think, Therefore I Invent: Creative Computers and the Future of Patent Law [J]. Boston College Law Review, 2016, 57 (4): 1083-1085.

的职务发明关系在很大程度上也无疑会为人类与人工智能的某种发明契约关系所取代。有鉴于此，不妨从发明创造生成模式转变的视角出发，结合个人发明到职务发明的团体化转化过程，对人工智能时代自主发明场景下专利权益分享的新挑战予以阐述和纾解。

一、从合作分工到机器代工：发明关系由职务化转向虚拟化

回顾过去几百年来的技术变迁与社会变革，可以发现，处于发明创造活动第一线的发明人、设计人在不同的技术背景及社会生产模式下扮演着不同的角色。从最初主导创新的独立发明人及独立设计人到后来合作分工关系中职务化的团体发明人，再到如今机器代工模式下新生的虚拟化人工智能发明人、设计人，发明创造活动中发明人、设计人的表现形式日渐多元，其对于科技成果的贡献程度与影响方式无疑也会随之有所改变。[①] 之所以在发明创造活动中会出现从合作分工到机器代工的发明人地位转变，究其根本而言，是由科学技术的发展与变革所诱致。19 世纪末 20 世纪初，以电气技术为驱动的科技革命极大地推动了社会生产力的发展，社会合作分工日益细化，发明创造活动往往由公司企业、科研机构所主导，发明人也因此呈现出职务化的团体特征。[②] 进入 21 世纪以来，人工智能技术的飞速发展与广泛应用，则开启了智能机器人代替人类进行发明创造活动的新时代，极大地动摇了人们长期以来对于技术的工具性认知，即人工智能不仅是人类进行工作的辅助工具，它还拥有自主进行创造与研究的能力，呈现出替代人们进行发明创造的趋势，并在发明创造的过程中扮演着技术成果发明人、设计人的角色。然而，人工智能作为人类创造物，本身即是一种发明客体，并不具备成为发明人、设计人的主体资格，有关人工智能能否在其自主发明模式中被作为发明主体的理论争论也由此产生。[③]

[①] 刘鑫. 从合作分工到机器代工：科技变革诱致发明人地位转变问题研究 [J]. 社会科学论坛, 2022 (4)：110 - 117.

[②] 吴红. 二十世纪以来发明人群体变化研究 [J]. 自然辩证法研究, 2018 (9)：15 - 20.

[③] 刘鑫. 人工智能自主发明的伦理挑战与治理对策 [J]. 大连理工大学学报（社会科学版）, 2023 (4)：80 - 85.

在人工智能发明主体资格否定论者眼中，只有具备独立发明意志的人，才能真正成为适格的发明主体。人工智能虽然能够自主开展发明创造活动，但其所进行的发明创造并非自由意志支配下的活动，而只是算法与数据支撑下机器设备的一种先进功能。科技发明成果的创造，无论是研发模式的选择，还是具体步骤的确立，都离不开发明人等研发主体的筹划，这不仅是主体对"纯"事实即"是其所是"的抽象，而且是主体受所处的一定社会认识目的和价值机制即"应是其所是"影响所作出的选择。① 人工智能归根结底并不是"人"，只是一个人类创造物，其自身并不具有对发明创造目的和价值进行完全认知的自由意志。人工智能脱离人类控制的发明活动事实上只是具有"自主"创新外观的技术效果，并不具备"自主"的创新内核。这是因为"自主"创新活动是以主体的自由意志为基础的，而且这种进行自主创新的自由意志不仅仅局限于自主创新的创造力层面，往往更多地体现为与创造力、道德责任、自尊和幸福等诸多因素相关的一种心理倾向。② 基于技术效果的加持，人工智能在算法与数据共同作用下所进行的发明创造活动或许可以展现出在创造力层面的自主性，但其他层面的自主性是人工智能所无法具备的，其难以实现自由意志支配下的"负责任创新"。

虽然从主体性的自由意志理念出发，人工智能是不具备发明主体资格的，但伦理层面的争议与阻碍，并不能全面封锁人工智能虚拟主体资格的创制，通过必要的价值诠释及合理的制度设计，实现人工智能发明主体资格创制的伦理契合是完全可能的。为此，人工智能发明主体资格的创制论者从治理人工智能自主发明模式的现实诉求出发，对发明主体资格的认定采取相对开放的伦理标准，提出为原本不具备发明主体资格的人工智能创制虚拟主体资格的大胆设想。③ 事实上，虚拟主体资格并非基于人工智能自主发明模式的首

---

① 单继刚，甘绍平，容德敏. 应用伦理：经济、科技与文化 [M]. 北京：人民出版社，2008：101-107.

② 董蕊，彭凯平，喻丰，等. 自由意志：实证心理学的视角 [J]. 心理科学进展，2012 (11)：1869-1878.

③ DAVIES C R. An Evolution Step in Intellectual Property Rights：Artificial Intelligence and Intellectual Property [J]. Computer Law & Security Review, 2011, 27 (1)：601-619.

创，早在古罗马时期，就出现了将多人组成之"社团"等同于人的虚拟主体资格创制。① 这种对于社团法人虚拟主体资格创制的背后实质上是组成社团的诸多自然人主体资格的一种延伸。而人工智能发明主体资格的创制，从某种程度上说与社团法人异曲同工，人工智能虚拟发明主体资格的背后也是与人工智能自主发明相关的智能算法程序编写者、核心数据资料提供者以及人工智能技术运用者等自然人主体资格的延伸。诚然如此，但目前对于人工智能发明主体资格的创制仍有诸多质疑与担忧，其不仅会带来人的价值贬抑和物化、异化的伦理危险，相关制度构造的必要性与可行性需要进一步予以论证。②

二、从协同创新到智能革新：专利权益的人工智能配属争议

之所以在人类发明演进历程中，发明人、设计人的地位会呈现出由职务化到虚拟化的发展趋势，究其根本而言，是由科学技术飞速发展而带来的创新模式转变所致。在人类社会现代化进程持续推进的过程中，科技的进步不仅深刻地改变着人们的生产生活，也影响着人们进行发明创造的行为方式。③ 其中，合作分工下从个体性发明人、设计人到职务化团体发明人、设计人的结构变革是科技创新协调化运行的直接结果；而机器代工下从人类发明人、设计人到虚拟发明人、设计人的未来走向则是科技创新智能化发展的必然趋势。

毋庸置疑，对于发明人、设计人而言，每一项全新的发明成果都是其个人智慧的凝聚与创造天赋的标榜，为此，人们也理所当然地在专利权益分享过程中将发明人作为发明成果的原始所有者。④ 但随着发明创造复杂性的不

---

① 彭梵得. 罗马法教科书 [M]. 黄风，译. 北京：中国政法大学出版社，2005：39.

② 龙文懋. 人工智能法律主体地位的法哲学思考 [J]. 法律科学（西北政法大学学报），2018（5）：24－31.

③ BERDICHEVSKY D, NEUENSCHWANDER E. Toward an Ethics of Persuasive Technology [J]. Communications of the Acm, 1999, 42（5）：51－58.

④ AOKI K. Authors, Inventors and Trademark Owners: Private Intellectual Property and the Public Domain－Part II [J]. Columbia－VLA Journal of Law & the Arts, 1993, 18（4）：213－218.

断提升，发明人、设计人在创新活动的地位有所下降，发明成果的产出不再仅仅依靠发明人、设计人的智力投入，而更多地仰仗于发明过程的管理协调、机器配合等相关外在物质条件，单位主导的职务发明关系也随之应运而生。在此基础上，科技创新模式的智能化发展则进一步开启人工智能参与乃至自主进行发明创造的新纪元。具体而言，本身作为人类发明成果的人工智能，可以在没有人类干预的情况下自主生成全新的发明成果，实现对技术的创新与改进。在这一过程中，人工智能事实上取代了人类扮演着的发明人、设计人角色，虽然说这只是人工智能算法在数据保障下的输出结果，但无论是人工智能算法设计者还是人工智能数据提供者，任何人类发明人、设计人都没有直接参与到人工智能生成发明成果的自主运转流程。① 由此，基于发明成果的产权归属尤其是专利权的归属以发明人识别为起点的特性，在人工智能自主生成发明成果过程中便由发明人的识别难题引发了产权配置的困局。②

　　承前所述，为应对科技创新的智能化变革所带来的发明创造机器代工挑战，有关人工智能虚拟发明主体的理论探索与实践尝试接踵而来，人们期冀通过以类似于社团法人的虚拟人格创制来实现人工智能发明主体的价值接纳，并以虚拟化的人工智能发明主体为连接点探求人工智能生成发明成果在算法设计者与数据提供者之间的产权配置。③ 诚然，人工智能由人类所创造，但这事实上并不能阻止人工智能成为发明主体，因为没有父母谁都不会存在，但父母也并不能成为孩子完成发明创造的发明人、设计人，以此类推，人工智能自主生成的发明成果无疑也应由人工智能自身作为发明人、设计人。事实上，目前人工智能成为发明主体的最大障碍在于，传统伦理观念与法律制度对于人类发明人、设计人的特别强调。④ 但无论是伦理还是法律，人类生

　　① SAMUELSON P. Allocating Ownership Rights in Computer – Generated Works ［J］. University of Pittsburgh Law Review, 1986, 47 (4): 1195.

　　② HATTENBACH B, GLUCOFT J. Patents in an Era of Infinite Monkeys and Artificial Intelligence ［J］. Stanford Technology Law Review, 2015, 19 (1): 32 – 41.

　　③ VERTINSKY L, RICE T M. Thinking About Thinking Machines: Implications of Machine Inventors for Patent Law ［J］. B. U. J. Sci. & Tech. L. , 2002, 8 (2): 585 – 586.

　　④ THOMAS J R. The Patenting of Liberal Professions ［J］. B. C. L. Rev. , 1999, 40 (5): 1139.

产生活中的各种社会规范都会随着科技的进步与经济的发展而不断更新。未来，随着科技创新的智能化变革持续推进，人工智能自主生成发明成果不断增多，制约人工智能成为发明人、设计人的伦理阻碍与法律壁垒势必会有所动摇，并逐步形成与机器代工下发明人虚拟化发展趋势相契合的伦理理念与法律规则。①

进而言之，即使能够比照社团法人赋予人工智能以虚拟人格，使其成为形式上的发明人、设计人，也依然要面对人工智能主体资格及其生成发明专利权益实际掌控者的认定难题。从智能算法程序编写者对于人工智能算法框架的设计，到核心数据资料提供者对于人工智能数据需求的保障，再到人工智能技术运用者对于人工智能运转开关的触发，相关主体的这些行为对人工智能自主发明成果而言都至关重要，但到底其中哪一主体能够成为人工智能发明主体资格的实际掌控者则还应根据具体的人工智能发明实践展开具体的价值判断，以规避各方主体在人工智能自主发明成果应用中对专利权益争夺以及对应侵权责任相互推诿。② 就现阶段而言，在人工智能自主发明过程往往由政府机关或大型企业主导的情形下，智能算法程序编写、核心数据资料提供、人工智能技术运用等相关工作统归于拥有人工智能的机构或组织，因而由相对应的机构或组织担任人工智能虚拟发明主体资格及其生成发明专利权益的实际掌控者，无疑是最合理的制度安排。未来，随着人工智能自主发明应用的不断普及，程序编写、数据提供、技术运用等环节也势必会日益细化，并由不同主体负责，对于人工智能虚拟发明主体资格及其生成发明专利权益的实际掌控者的选择或许应根据各相关主体的贡献度进行分别判定。

三、回归发明创造本质内核：坚守人类创新的专利权益配置

科技创新模式从协同化到智能化的发展，使发明人在发明创造活动中的

---

① FRASER E. Computers as Inventors – Legal and Policy Implications of Artificial Intelligence on Patent Law [J]. SCRIPTed: A Journal of Law, Technology and Society, 2016, 13 (3): 305 – 332.

② 刘鑫. 人工智能生成技术方案的专利法规制：理论争议、实践难题与法律对策 [J]. 法律科学（西北政法大学学报），2019 (5)：82 – 92.

地位呈现从职务化到虚拟化的转变。但是，必须要格外注意的是，无论是在合作分工下从个体性发明人、设计人到职务化团体发明人、设计人的结构变革中，还是在机器代工下从人类发明人、设计人到虚拟发明人、设计人的未来趋势中，人类个体发明人、设计人对于技术资源与发明流程的基础性抉择始终在科技创新发展历程中具有关键作用，并对相关科技创新活动的前景具有重要影响。因此，对于相关专利权益的配置无疑也应回归发明创造的本质内核，坚守人类创新的逻辑基础，从人类发明人、设计人个体抉择在相关科技创新活动中所产生的效果与影响出发展开具体衡量。

在科技创新的协同化发展过程中，发明创造活动的复杂性与系统性直接带来了发明人合作分工的职务化工作模式。虽然在这种职务化的团体创造工作中，发明成果的产生往往更多依赖于团体组织单位的研发投入及其所提供的物质技术条件，但是，团体组织内部每个发明人、设计人的个体抉择对科技创新活动的关键作用也是不容忽视的。这是因为在发明创造过程中，团体组织单位投入大多是辅助性的、可替代的，而个体发明人、设计人的投入则一般是本质性的、不可替代的，尤其是个体发明人、设计人在发明创新流程中所作出的基础性选择很多时候直接决定了技术发展的方向。[①] 除此之外，还必须格外注意的是，虽然科技创新活动在总体上呈现出协同化的发展趋势，发明创造大多在团体组织单位的物质条件支撑下由众多发明人、设计人分工合作完成，但这并不意味着个体发明人、设计人完全失去了独立进行发明创造的机会，发明进程本身的不确定性会给予其与发明团体以同等的机会。而且，科技创新的模式往往也会因涉及领域的不同及企业规模的不同而有所差异，例如在计算机软件的研发过程中，个体发明人、设计人便更为强大，其对于软件设计方案与步骤的个体抉择往往直接决定了相关软件产品的功能与价值，[②] 而团体组织单位则没有能力灵活地应对快速自主变革的技术，并不

---

① 鲁莉，张永剑. 科技创新中职务发明人权益保障与激励机制研究［J］. 科学管理研究，2015（4）：91-94.

② ALLISON J R，LEMLEY M A. Who's Patenting What - An Empirical Exploration of Patent Prosecution［J］. Vanderbilt Law Review，2000，53（6）：2099-2174.

断更新的产品，甚至在很多时候还会受制于相关市场与产业的发展波动。①

在科技创新的智能化发展趋势下，发明创造活动由算法驱动、数据保障逐步呈现出人工智能替代人类进行智力创造的运转机制，并由此引发了人工智能虚拟发明主体的发展趋势。虽然人工智能能够脱离人类的干预与控制并扮演发明人、设计人角色独立完成发明成果，但人工智能所具备的这一自主创新功能归根结底是源自人工智能算法设计者与数据提供者等"幕后"人类发明人、设计人的技术加持。其中，人工智能自主研发模式的选择与具体步骤的确立取决算法设计者对于人工智能算法运行机制的规划与抉择；而人工智能自主创新成果的技术水平与精准程度则依赖于数据提供者对于人工智能生成发明所需关键性数据的整合与选取，因而人工智能一旦失去人类发明人、设计人的算法支撑与数据加持，即使其具备自主运转的工作能力，也无法替代人类发明人、设计人完成发明成果。② 此外，还需要特别强调的是，为契合人工智能自主发明模式而创设的虚拟化的人工智能发明主体资格事实上并不具备如同人类发明人、设计人一般的伦理地位。人工智能所具有的创造性思维及意识大多是借助基因编程、人工神经网络等技术模型模拟人类大脑学习、推理、运算的仿生学设计而形成，其在发明创意的生成上是难以达到人类思维和意识紧贴社会实践的全面性与整体性的。③ 与此同时，虚拟化的人工智能发明主体资格在责任能力上的有限性，也使其不能对其自主创新行为负责，一旦背后的人类发明人疏于监控，出现算法失灵与数据失准的情况，则势必会造成严重的技术风险。④

如前所述，无论是在协同化创新的职务发明关系中，还是在智能化创新的虚拟发明过程中，人类发明人、设计人的个体抉择对于科技创新活动的展

---

① 贝克. 风险社会：新的现代性之路 [M]. 张文杰，何博闻，译. 南京：译林出版社，2018：282 – 283.

② PALMER T G. Are Patents and Copyrights Morally Justified – the Philosophy of Property Rights and Ideal Objects [J]. Harvard Journal of Law & Public Policy，1990，13（3）：817 – 866.

③ 张劲松. 人是机器的尺度：论人工智能与人类主体性 [J]. 自然辩证法研究，2017（1）：49 – 54.

④ 吴汉东. 人工智能时代的制度安排与法律规制 [J]. 法律科学（西北政法大学学报），2017（5）：128 – 136.

开始终具有基础性、方向性的关键作用。因而，如若要想使科技创新活动更加高效地进行，并对相关专利权益进行科学合理的分配，则必须要坚守人类创新的基础地位，充分激发人类发明人的创新活力，使人类发明人个体抉择的关键作用得以有效发挥。为此，首先应在科学创新活动的专利权益分享框架中，建立起以推进科技创新为导向的尊重人类发明人、设计人的价值准则，使人类发明人、设计人由智力活动所作出的个体抉择得到充分的肯定与承认，彰显人类发明人个体抉择在科技创新活动中的关键效果。在此基础上，还应在特定发明成果的相关专利权益配置中，使人类发明人、设计人以个体抉择方式在协同化与智能化科技创新活动中所发挥的关键作用能够被给予合理的利益回报与经济激励。其中，在合作分工的职务化发明创造活动中，应在给予发明人、设计人以精神性鼓励的同时，以奖励、报酬、股权、产权等多元化的物质性回报来激励个体发明人的创新活力，从而将发明人、设计人个体抉择在团体化发明创造活动中的关键作用发挥到极致；而在机器代工的智能化发明创造活动中，则应在虚拟化的人工智能发明主体资格之下，进一步就人工智能生成发明成果的专利权归属，在人工智能算法设计者及数据提供者等人类发明人、设计人之间展开利益衡量，并根据不同科技创新场景中相关人类发明人、设计人的经济地位与贡献程度进行具体判断，以明确人工智能生成发明成果的专利权归属，从而使人工智能自主生成发明成果幕后的人类发明人、设计人获得应有的权益回报，从而有效回应人工智能时代发明创造专利权益分享的新挑战。

参考文献

一、中文文献

（一）中文著述

［1］尹新天. 中国专利法详解［M］. 北京：知识产权出版社，2012.

［2］冯象. 木腿正义（增订版）［M］. 北京：北京大学出版社，2007.

［3］刘春田. 知识产权法［M］. 4版. 北京：中国人民大学出版社，2009.

［4］单继刚，甘绍平，容敏德. 应用伦理：经济、科技与文化［M］. 北京：人民出版社，2008.

［5］吴汉东，等. 知识产权基本问题研究［M］. 2版. 北京：中国人民大学出版社，2009.

［6］吴汉东. 无形财产权基本问题研究［M］. 3版. 北京：中国人民大学出版社，2013.

［7］吴汉东. 知识产权总论［M］. 北京：中国人民大学出版社，2013.

［8］吴汉东. 中国知识产权理论体系研究［M］. 北京：商务印书馆，2018.

［9］吴汉东. 知识产权法［M］. 3版. 北京：法律出版社，2009.

［10］崔国斌. 专利法：原理与案例［M］. 北京：北京大学出版社，2012.

［11］何怀文. 专利法［M］. 杭州：浙江大学出版社，2016.

［12］徐士英. 竞争法论［M］. 北京：世界图书出版公司，2007.

［13］徐海燕. 中国近代专利制度研究（1859—1949）［M］. 北京：知识产权出版社，2010.

［14］徐瑄. 知识产权的对价理论［M］. 北京：法律出版社，2013.

［15］曹新明. 促进我国知识产权产业化制度研究［M］. 北京：知识产权出版社，2012.

［16］曾陈明汝. 两岸暨欧美专利法［M］. 北京：中国人民大学出版社，2007.

［17］李明德. 美国知识产权法［M］. 2 版. 北京：法律出版社，2014.

［18］李海明. 劳动派遣法原论［M］. 北京：清华大学出版社，2011.

［19］李扬. 知识产权的合理性、危机及其未来模式［M］. 北京：法律出版社，2003.

［20］杨仁寿. 法学方法论［M］. 北京：中国政法大学出版社，2013.

［21］林嘉. 劳动法和社会保障法［M］. 3 版. 北京：中国人民大学出版社，2014.

［22］林毅夫. 制度、技术与中国农业发展［M］. 上海：格致出版社，上海三联书店，上海人民出版社，2014.

［23］梁慧星. 民法解释学［M］. 4 版. 北京：法律出版社，2015.

［24］梁慧星. 民法总论［M］. 3 版. 北京：法律出版社，2007.

［25］梁志文. 论专利公开［M］. 北京：知识产权出版社，2012.

［26］梅仲协. 民法要义［M］. 北京：中国政法大学出版社，2004.

［27］汤宗舜. 专利法解说［M］. 北京：知识产权出版社，2002.

［28］沈宗灵，张文显. 法理学［M］. 2 版. 北京：高等教育出版社，2009.

［29］沈宗灵. 比较法研究［M］. 北京：北京大学出版社，1998.

［30］熊琦. 著作权激励机制的法律构造［M］. 北京：中国人民大学出版社，2011.

［31］熊秉元. 正义的成本：当法律遇上经济学［M］. 北京：东方出版社，2013.

［32］王全兴. 劳动法［M］. 北京：法律出版社，2004.

［33］王太平. 知识经济时代专利适格标的研究［M］. 北京：知识产权出版社，2011.

［34］王泽鉴. 人格权法［M］. 北京：北京大学出版社，2013.

［35］王泽鉴. 债法原理［M］. 2 版. 北京：北京大学出版社，2013.

［36］王泽鉴. 民法总则［M］. 北京：北京大学出版社，2009.

［37］王泽鉴. 民法物权［M］. 2 版. 北京：北京大学出版社，2010.

［38］王泽鉴. 民法学说与判例研究［M］. 北京：北京大学出版社，2009.

［39］申长雨. 迈向知识产权强国之路：知识产权强国建设基本问题研究（第1辑）［M］. 北京：知识产权出版社，2016.

［40］罗东川. 职务发明权属与奖酬纠纷典型案例精选与注解［M］. 北京：法律出版社，2015.

［41］范愉. 非诉讼纠纷解决机制研究［M］. 北京：中国政法大学出版社，2000.

［42］郑成思. 知识产权论［M］. 3 版. 北京：法律出版社，2007.

［43］金海军. 知识产权实证分析［Ⅰ］：创新、司法与公众意识［M］. 北京：知识产权出版社，2015.

［44］康添雄. 专利法的公共政策研究［M］. 武汉：华中科技大学出版社，2019.

［45］韦之. 知识产权论（第二卷）［M］. 北京：知识产权出版社，2014.

［46］韩世远. 合同法总论［M］. 3 版. 北京：法律出版社，2011.

［47］马俊驹，余延满. 民法原论［M］. 3 版. 北京：法律出版社，2007.

［48］龙文懋. 知识产权法哲学初探［M］. 北京：人民出版社，2003.

（二）中文译著

［1］亚里士多德. 政治学（英文版）［M］. 本杰明·乔伊特，译. 北京：中国人民大学出版社，2013.

［2］贝克. 风险社会：新的现代性之路［M］. 张文杰，何博闻，译. 南京：译林出版社，2018.

［3］魏德士. 法理学［M］. 丁晓春，吴越，译. 北京：法律出版社，2013。

［4］拉伦茨. 德国民法通论［M］. 王晓晔，邵建东，程建英，等译. 北京：法律出版社，2003.

［5］哈贝马斯. 在事实与规范之间：关于法律和民主法治国的商谈理论

［M］. 童世骏，译. 上海：上海三联书店，2011.

　　［6］布洛克斯，瓦尔克. 德国民法总论［M］. 33 版. 张艳，译. 北京：中国人民大学出版社，2014.

　　［7］黑格尔. 法哲学原理［M］. 范扬，张企泰，译. 北京：商务印书馆，1961.

　　［8］瓦尔特曼. 德国劳动法［M］. 沈建峰，译. 北京：法律出版社，2014.

　　［9］鲁道夫·冯·耶林. 为权利而斗争［M］. 郑永流，译. 北京：法律出版社，2012.

　　［10］杜茨. 劳动法［M］. 张国文，译. 北京：法律出版社，2005.

　　［11］彭梵得. 罗马法教科书［M］. 黄风，译. 北京：中国政法大学出版社，2005.

　　［12］田村善之. 田村善之论知识产权［M］. 李扬，等译. 北京：中国人民大学出版社，2013.

　　［13］荒川寿光. 知识产权革命［M］. 夏雨，译. 北京：知识产权出版社，2017.

　　［14］我妻荣. 我妻荣民法讲义 I：新订民法总则［M］. 于敏，译. 北京：中国法制出版社，2008.

　　［15］我妻荣. 我妻荣民法讲义 V1：债权各论（上卷）［M］. 徐慧，译. 北京：中国法制出版社，2008.

　　［16］竹中俊子. 专利法律与理论：当代研究指南［M］. 彭哲，沈旸，徐明亮，等译. 北京：知识产权出版社，2013.

　　［17］卢梭. 社会契约论［M］. 何兆武，译. 北京：商务印书馆，1963.

　　［18］孟德斯鸠. 论法的精神［M］. 袁岳，译. 北京：中国长安出版社，2010.

　　［19］德霍斯. 知识财产法哲学［M］. 周林，译. 北京：商务印书馆，2008.

　　［20］谢尔曼，本特利. 现代知识产权法：英国的历程（1760—1911）［M］. 金海军，译. 北京：北京大学出版社，2012.

［21］柯武刚，史漫飞，贝彼得. 制度经济学：财产、竞争、政策［M］.
2 版. 柏克，韩朝华，译. 北京：商务印书馆，2018.

［22］劳斯. 知识与权力：走向科学的政治哲学［M］. 盛晓明，邱慧，
孟强，译. 北京：北京大学出版社，2004.

［23］熊彼特. 经济发展理论：对于利润、资本、信贷、利息和经济周
期的考察［M］. 何畏，易家详，译. 北京：商务印书馆，1990.

［24］罗尔斯. 正义论［M］. 何怀宏，何包钢，廖申白，译. 北京：中
国社会科学出版社，1988.

［25］卡多佐. 司法过程的性质［M］. 苏力，译. 北京：商务印书馆，
2005.

［26］穆勒. 专利法［M］. 3 版. 沈超，李华，吴晓辉，等译. 北京：
知识产权出版社，2013.

［27］墨杰斯，等. 新技术时代的知识产权法［M］. 齐筠，张清，彭
霞，等译. 北京：中国政法大学出版社，2003：2.

［28］科斯. 企业、市场与法律［M］. 盛洪，陈郁，译. 上海：格致出
版社，上海三联书店，上海人民出版社，2014.

［29］庞德. 法的新路径［M］. 李立丰，译. 北京：北京大学出版社，
2016.

［30］波特. 国家竞争优势［M］. 李明轩，邱如美，译. 北京：华夏出
版社，2002.

［31］ADELMAN M J，RADER R R，KLANCNIK G P. 美国专利法［M］.
郑胜利，刘江彬，译. 北京：知识产权出版社，2011.

［32］波斯曼. 技术垄断：文化向技术的投降［M］. 何道宽，译. 北
京：北京大学出版社，2007.

［33］E. 博登海默. 法理学：法律哲学与法律方法［M］. 邓正来，译.
北京：中国政法大学出版社，1999.

［34］伊德里斯. 知识产权：推动经济增长的有力工具［M］. 曾燕妮，
译. 北京：知识产权出版社，2008.

［35］刘易斯. 经济增长理论［M］. 周师铭，沈丙杰，沈伯根，译. 北京：商务印书馆，2009.

［36］亚当斯，克雷格，莱斯曼·卡兹. 知识产权许可策略：美国顶尖律师谈知识产权动态及如何草拟有效协议［M］. 王永生，殷亚敏，译. 北京：知识产权出版社，2014.

［37］边沁. 道德与立法原理导论［M］. 时殷弘，译. 北京：商务印书馆，2000.

［38］哈特. 法律的概念［M］. 张文显，译. 北京：中国大百科全书出版社，1996.

［39］洛克. 政府论（下篇）［M］. 叶启芳，瞿菊农，译. 北京：商务印书馆，1964.

［40］密尔. 论自由［M］. 顾肃，译. 上海：上海译林出版社，1999.

［41］密尔. 论自由［M］. 许宝骙，译. 北京：商务印书馆，2005.

［42］穆勒. 功利主义［M］. 徐大建，译. 北京：商务印书馆，2014.

（三）中文期刊

［1］万小丽，朱雪忠. 专利价值的评估指标体系及模糊综合评价［J］. 科研管理，2008（2）.

［2］乐文清，赵楠，杜骁勇. 浅谈《专利法》中职务发明相关法条的变迁［J］. 中国发明与专利，2015（8）.

［3］付丽霞. 美国专利主体制度的现代化变革：基于国际化、合作化、虚拟化的三维视角［J］. 中国发明与专利，2019（6）.

［4］付丽霞. 美国专利制度演进的历史梳理与经验借鉴［J］. 中国发明与专利，2018，（10）.

［5］何华. 中美知识产权认知差异研究［J］. 科研管理，2019（3）.

［6］何敏，刘胜红. 论职务发明奖酬立法的优化思路及具体措施［J］. 科技与法律（中英文），2021（4）.

［7］何敏，肇旭. 职务发明类分之中外比较与研究［J］. 科技与法律，2019（6）.

［8］何敏．新"人本理念"与职务发明专利制度的完善［J］．法学，2012（9）．

［9］何敏．职员发明财产专利权归属正义［J］．法学研究，2007（5）．

［10］何瑞卿，黄瑞华，徐志强．合作研发中的知识产权风险及其阶段表现［J］．研究与发展管理，2006（6）．

［11］何蓉．法国的职务发明专利归属制度简析［J］．重庆科技学院学报（社会科学版），2016（4）．

［12］俞祺．正确性抑或权威性：论规范效力的不同维度［J］．中外法学，2014（4）．

［13］俞风雷．日本职务发明的贡献度问题研究［J］．知识产权，2015（6）．

［14］关怀．《劳动合同法》与劳动者合法权益的保护［J］．法学杂志，2006（5）．

［15］郭禾．创新是社会进步的根本动力：《专利法》第三次修订评述［J］．电子知识产权，2009（3）．

［16］冯竹青，葛岩．物质奖励对内在动机的侵蚀效应［J］．心理科学进展，2014（4）．

［17］刘春田．知识财产权解析［J］．中国社会科学，2003（4）．

［18］刘友华，李扬帆．职务发明权属规则与成果赋权改革的协同路径研究［J］．湘潭大学学报（哲学社会科学版），2023（4）．

［19］刘强．《专利法》第四次修改背景下职务科技成果混合所有制研究［J］．知识产权，2022（10）．

［20］刘强．人工智能算法发明可专利性问题研究［J］．时代法学，2019（4）．

［21］刘银良．我国知识产权法院设置问题论证［J］．知识产权，2015（3）．

［22］吴汉东．专利技术转化与无形资产运营［J］．专利代理，2016（2）．

［23］吴汉东．中国应建立以知识产权为导向的公共政策体系［J］．中国发展观察，2006（5）．

［24］吴汉东. 中国知识产权法院建设：试点样本与基本走向［J］. 法律适用，2015（10）.

［25］吴汉东. 人工智能时代的制度安排与法律规制［J］. 法律科学（西北政法大学学报），2017（5）.

［26］吴汉东. 利弊之间：知识产权制度的政策科学分析［J］. 法商研究，2006（5）.

［27］吴汉东. 法哲学家对知识产权法的哲学解读［J］. 法商研究，2003（5）.

［28］吴汉东. 知识产权本质的多维度解读［J］. 中国法学，2006（5）.

［29］吴汉东. 知识产权的多元属性及其研究范式［J］. 中国社会科学，2011（5）.

［30］吴汉东. 试论知识产权限制的法理基础［J］. 法学杂志，2012（6）.

［31］吴红. 二十世纪以来发明人群体变化研究［J］. 自然辩证法研究，2018（9）.

［32］吴艳. 论信息技术领域职务发明制度：兼评《职务发明条例草案（征求意见稿）》［J］. 科技管理研究，2013（19）.

［33］吴艳. 论职务发明纠纷解决机制：兼评《职务发明条例草案（送审稿）》［J］. 中国软科学，2015（3）.

［34］和育东，杨正宇. 中美职务发明限制约定优先原则的比较及启示［J］. 苏州大学学报（法学版），2014（4）.

［35］和育东. 美、德职务发明制度中的"厚雇主主义"趋势及其借鉴［J］. 知识产权，2015（11）.

［36］唐素琴，刘昌恒. 职务发明奖酬给付义务单位及其相关问题探讨：从张伟锋诉3M中国有限公司案件谈起［J］. 电子知识产权，2015（7）.

［37］唐素琴，魏旭丹. 职务科技成果"赋权"改革的实证分析及思考［J］. 科技与法律（中英文），2024（3）.

［38］康凯宁. 职务科技成果混合所有制探析［J］. 中国高校科技，2015（8）.

［39］张劲松．人是机器的尺度：论人工智能与人类主体性［J］．自然辩证法研究，2017（1）．

［40］张德淼．论法律的权威性［J］．法商研究（中南政法学院学报），1997（2）．

［41］张玲，朱冬．论劳动力派遣对职务发明创造规则的冲击及立法建议［J］．法学家，2006（5）．

［42］徐卓斌．职务发明报酬纠纷中的若干法律问题［J］．电子知识产权，2015（7）．

［43］戴哲．论我国职务发明制度框架的重构：建立《职务发明条例》之必要［J］．电子知识产权，2023（2）．

［44］戴哲．论我国职务发明纠纷解决方案的完善：基于设立职务发明委员会的视角［J］．大连理工大学学报（社会科学版），2022（4）．

［45］戴哲．论职务发明报告与确权规则的引入必要性及构建［J］．电子知识产权，2023（12）．

［46］曹新明．我国知识产权判例的规范性探讨［J］．知识产权，2016（1）．

［47］曹新明．知识产权法哲学理论反思：以重构知识产权制度为视角［J］．法制与社会发展，2004（6）．

［48］李小娟．关于我国科研院所职务发明奖励和报酬制度的探讨［J］．中国发明与专利，2015（1）．

［49］李浩．调解归调解，审判归审判：民事审判中的调审分离［J］．中国法学，2013（3）．

［50］李芬莲．知识产权的继受取得［J］．电子知识产权，2007（5）．

［51］李雨峰，伯雨鸿．职务发明权属的模式反思与制度重构［J］．重庆大学学报（社会科学版），2023（3）．

［52］杜颖，李晨瑶．技术调查官定位及其作用分析［J］．知识产权，2016（1）．

［53］杨中楷，徐梦真，韩爽．论发明人的"个体选择"［J］．科学学研究，2014（8）．

［54］林嘉，范围. 我国劳务派遣的法律规制分析［J］. 中国人民大学学报，2011（6）.

［55］林嘉. 劳动合同若干法律问题研究［J］. 法学家，2003（6）.

［56］梁平，陈焘. 论我国知识产权纠纷解决机制的多元构建［J］. 知识产权，2013（2）.

［57］武彦，李建军. 日本职务发明利益补偿机制的创新理念和保障机制［J］. 自然辩证法通讯，2009（2）.

［58］沈伟，刘强. 重构抑或调整：我国职务发明权属制度的困境及其破解［J］. 净月学刊，2016（2）.

［59］沈宗灵. 法·正义·利益［J］. 中外法学，1993（5）.

［60］潘剑锋. 论民事司法与调解关系的定位［J］. 中外法学，2013（1）.

［61］王全兴，侯玲玲. 劳动关系双层运行的法律思考：以我国的劳动派遣实践为例［J］. 中国劳动，2004（4）.

［62］王影航，黄训波，李金惠，等. 高校职务科技成果资产管理的制度困境与出路：以"放管服"的现实视角为观照点［J］. 中国高校科技，2023（4）.

［63］王影航. 高校职务科技成果混合所有制的困境与出路［J］. 法学评论，2020（2）.

［64］王江松. 论自由、平等与正义的关系［J］. 浙江学刊，2007（1）.

［65］王海波，柯春磊. 对《职务发明条例（草案）》的评议［J］. 电子知识产权，2013（1）.

［66］王清.《职务发明条例》：必要之善抑或非必要之恶？［J］. 政法论丛，2014（4）.

［67］王瑞龙. 知识产权共有的约定优先原则［J］. 政法论丛，2014（5）.

［68］王重远. 美国职务发明专利权益分享制度演进及其对我国的启示［J］. 安徽大学学报（哲学社会科学版），2012（1）.

［69］石怀霞. 职务发明的权利归属制度研究［J］. 中国高校科技，2015（10）.

［70］石琦，钟冲，刘安玲. 高校科技成果转化障碍的破解路径：基于"职务科技成果混合所有制"的思考与探索［J］. 中国高校科技，2021（5）.

［71］程智婷，邓建志. 高校职务发明利益分配的现实困境与优化路径［J］. 科技与法律（中英文），2024（1）.

［72］管荣齐. 论非实施性专利权主体的权利和行为限制［J］. 法律科学（西北政法大学学报），2019（3）.

［73］胡朝阳. 国家资助项目职务发明权利配置的法经济探析［J］. 法学杂志，2012（2）.

［74］苏平，杨君. 职务发明所有权制度的法律困境与优化路径［J］. 科技与法律（中英文），2022（3）.

［75］苏新建. 程序正义对司法信任的影响：基于主观程序正义的实证研究［J］. 环球法律评论，2014（5）.

［76］葛章志. 赋权改革背景下职务科技成果共同所有权的行使逻辑［J］. 科技进步与对策，2023（1）.

［77］董蕊，彭凯平，喻丰. 自由意志：实证心理学的视角［J］. 心理科学进展，2012（11）.

［78］蒋舸. 德国《雇员发明法》修改对中资在德并购之影响［J］. 知识产权，2013（4）.

［79］蒋舸. 职务发明奖酬管制的理论困境与现实出路［J］. 中国法学，2016（3）.

［80］蒋逊明，朱雪忠. 职务发明专利权益分享制度研究［J］. 研究与发展管理，2006（5）.

［81］谢晓尧，曾凤辰. 技术合同的兴起与退隐：一个知识产权现象的地方性知识［J］. 知识产权，2014（3）.

［82］谭艳红，黄志臻. 试论我国职务与非职务发明专利权的权属界定及其完善［J］. 南京工业大学学报（社会科学版），2011（2）.

［83］贾丽萍. 浅议职务发明法律法规之协调及制度优化［J］. 中国发明与专利，2016（2）.

［84］贾佳，赵兰香，万劲波. 职务发明专利权益分享制度促进科技成果转化中外比较研究［J］. 科学学与科学技术管理，2015（7）.

［85］赵敦华. 西方人本主义的传统与马克思的"以人为本"思想［J］. 北京大学学报（哲学社会科学版），2004（6）.

［86］郑其斌. 论职务发明与非职务发明的区分原则：从专利法和劳动法双重角度的探讨［J］. 中国劳动关系学院学报，2009（4）.

［87］郑昱，王晓先，黄亦鹏. 企业职务发明激励机制法律研究［J］. 知识产权，2013（8）.

［88］陈忠谦. 仲裁的起源、发展及展望［J］. 仲裁研究，2006（3）.

［89］陈敏莉. 试论美国职务发明中的优先使用权制度［J］. 中国社会科学院研究生院学报，2012（6）.

［90］陈芳，眭纪刚. 新兴产业协同创新与演化研究：新能源汽车为例［J］. 科研管理，2015（2）.

［91］陈驰. 法国的雇员发明制度及其对我国的启示［J］. 江西社会科学，2008（2）.

［92］陶鑫良，张冬梅. "中央集权" IP 管理模式下职务发明报酬若干问题探讨［J］. 电子知识产权，2015（7）.

［93］陶鑫良. 职务发明性质之约定和职务发明报酬及奖励：我国专利法第四次修订中有关职务发明若干问题的讨论［J］. 知识产权，2016（3）.

［94］韩威威. 中国职务发明纠纷多元解决机制探究（英文）［J］. 科技与法律（中英文），2021（2）.

［95］饶世权. 激励发明人参与职务发明创造转化的专利权分享：比较与适用［J］. 电子知识产权，2023（1）.

［96］马一德. 创新驱动发展与知识产权战略实施［J］. 中国法学，2013（4）.

［97］马波. 论职务科技成果混合所有制的规范表达与完善措施［J］. 科技进步与对策，2022（3）.

［98］鲁莉，张永剑. 科技创新中职务发明人权益保障与激励机制研究

［J］. 科学研究管理，2015（4）.

［99］龙文懋. 人工智能法律主体地位的法哲学思考［J］. 法律科学（西北政法大学学报），2018（5）.

二、外文文献

（一）外文著述

［1］LANDERS A L. Understanding Patent Law［M］. Newark：Matthew Bender & Company，2008.

［2］MILLER A R，DAVIS M H. Intellectual Property：Patents，Trademarks，and Copyright in a Nutshell［M］. 5th ed. St. Paul：Thomson Reuters，2012.

［3］AREZZO E，GHIDINI G. Biotechnology and Software Patent Law［M］. Cheltenham：Edward Elgar Publishing Limited，2011.

［4］MOWERY D C，ROSENBERG N. Paths of Innovation：Technological Change in 20th – Century America［M］. London：Cambridge University Press，1998.

［5］DUTFIELD G. Intellectual Property，Biogenetic Resources and Traditional Knowledge［M］. London：Earthscan Press，2004.

［6］BREAKEY H. Intellectual Liberty：Natural Rights and Intellectual Property［M］. New York：Routledge，2016.

［7］RAWLS J. A Theory of Justice（Revised Edition）［M］. Cambridge：The Belknap Press of Harvard University Press，1999.

［8］MURRAY K. A Politics of Patent Law：Crafting the Participatory Patent Bargain［M］. New York：Routledge，2013.

［9］PANG L. Creativity and Its Discontents：China's Creative Industries and Intellectual Property Rights Offenses［M］. Durham：Duke University Press，2012.

［10］LOREN L P，MILLER J S. Intellectual Property Law：Cases & Materials［M］. Oregon City：Semaphore Press，2010.

[11]POSTMAN N. Amusing Ourselves to Death: Public Discourse in the Age of Show Business (20th Anniversary Edition) [M]. New York: Penguin Books Ltd, 2006.

[12]HOLMES O W. The Common Law [M]. Boston: Little, Brown and Company, 1933.

[13]DRAHOS P. A Philosophy of Intellectual Property [M]. Surrey: Ashgate Publishing Limited, 1996.

[14] SINGH R P, TOMAR V S. Intellectual Property Rights and Their Importance in Research, Business and Industry [M]. New Delhi: Daya Publishing House, 2014.

[15]MERGES R P, DUFFY J F. Patent Law and Policy: Cases and Materials [M]. San Francisco: Matthew Bender & Company Inc. , 2002.

[16]MERGES R P, MENELL P S, LEMLEY M A. Intellectual Property in the New Technological Age [M]. 6th edt. New York: Wolters Kluwer Law & Business, 2012.

[17]MERGES R P. Justifying Intellectual Property [M]. Cambridge: Harvard University Press, 2011.

[18]STONEMAN P. Handbook of the Economics of Innovation and Technological Change [M]. Oxford: Blackwell Publishers, 1995.

[19] CORNISH W R, LEWELYN D, APLIN T F. Intellectual Property: Patents, Copyrights, Trade Marks and Allied Rights [M]. London: Sweet & Maxwell, 2010.

（二）外文论文

[1] MOSSOFF A. Rethinking the Development of Patents: An Intellectual History, 1550 – 1800 [J]. Hastings Law Journal, 2001, 52 (6) .

[2]MARCO A C, VISHNUBHAKAT S. Certain Patents [J]. Yale Journal of Law and Technology, 2013 – 2014, 16 (1) .

[3]DEVLIN A. The Misunderstood Function of Disclosure in Patent Law [J].

Harvard Journal of Law & Technology, 2010, 23 (2).

[4] SUN A Y. Reforming the Protection of Intellectual Property: The Case of China and Taiwan in Light of WTO Accession [J]. Maryland Series in Contemporary Asian Studies, 2001 (4).

[5] RAI A K. Evolving Scientific Norms and Intellectual Property Rights: A Reply to Kieff [J]. Northwestern University Law Review, 2001, 95 (2).

[6] HATTENBACH B, GLUCOFT J. Patents in an Era of Infinite Monkeys and Artificial Intelligence [J]. Stanford Technology Law Review, 2015, 19 (1).

[7] JOHNSON B. Public Standards and Patents Damages [J]. John Marshall Review of Intellectual Property Law, 2015, 14 (2).

[8] NOVECK B S. Peer to Patent: Collective Intelligence, Open Review, and Patent Reform [J]. Harvard Journal of Law & Technology, 2006, 20 (1).

[9] SHAPIRO C. Navigating the Patent Thicket: Cross Licensing, Patent Pool and Standard Setting [J]. Chapter in NBER book Innovation Policy and the Economy, 2001, 1 (1).

[10] DENT C. Generally Inconvenient: The 1624 Statute of Monopolies as Political Compromise [J]. Melbourne University Law Review, 2009, 33 (2).

[11] LONG C. Patent Signals [J]. University of Chicago Law Review, 2002, 69 (2).

[12] DAVIES C R. An Evolution Step in Intellectual Property Rights: Artificial Intelligence and Intellectual Property [J]. Computer Law & Security Review, 2011, 27 (1).

[13] KAHAN D M. Social Influence, Social Meaning, and Deterrence [J]. Virginia Law Review, 1997, 83 (2).

[14] BERDICHEVSKY D, NEUENSCHWANDER E. Toward an Ethics of Persuasive Technology [J]. Communications of the Acm, 1999, 42 (5).

[15] HEMEL D J, OUELLETTE L L. Beyond the Patents – Prizes Debate [J]. Texas Law Review, 2013, 92 (2).

［16］HANNAH D R. Who Owns Ideas? An Investigation of Employees' Beliefs about the legal Ownership of Ideas ［J］. Creativity & Innovation Management, 2004, 13 (4) .

［17］BAIRD D G. Common Law Intellectual Property and the Legacy of International News Service v. Associated Press ［J］. University of Chicago Law Review, 1983, 50 (2) .

［18］KITCH E W. The Nature and Function of the Patent System ［J］. Journal of Law & Economics, 1977, 20 (2) .

［19］FRASER E. Computers as Inventors – Legal and Policy Implications of Artificial Intelligence on Patent Law ［J］. SCRIPTed: A Journal of Law, Technology and Society, 2016, 13 (3) .

［20］PISEGNA – COOK E D. Ownership Rights of Employee Inventions: The Role of Preinvention Assignment Agreements and State Statutes ［J］. University of Baltimore Intellectual Property Law Journal, 1994, 2 (2) .

［21］DEFRAJA G. Strategic spillovers in patent races ［J］. International Journal of Industrial Organization, 1993, 11 (1) .

［22］KIRZNER I M. Producer, Entrepreneur, and the Right to Property ［J］. Reason Papers, 1974 (1) .

［23］REICHMAN J H, LANGE D. Bargaining Around the TRIPS Agreement: The Case for Ongoing Public – Private Initiatives to Facilitate Worldwide Intellectual Property Transactions ［J］. Duke Journal of Comparative & International Law, 1998, 9 (1) .

［24］BESSEN J, MASKIN E. Sequential Innovation, Patents, and Imitation ［J］. RAND Journal of Economics, 2009, 40 (4) .

［25］BOYLE J. The Second Enclosure Movement and the Construction of the Public Domain ［J］. Law and Contemporary Problems, 2003, 66 (1 –2) .

［26］RANTANEN J. Patent Law's Disclosure Requirement ［J］. Loyola University Chicago Law Journal, 2013, 45 (2) .

［27］DRATLER J J. Incentives for People：The Forgotten Purpose of the Patent System［J］. Harvard Journal on Legislation，1979，16（1）.

［28］FROMER J C. Expressive Incentives in Intellectual Property［J］. Virginia Law Review，2012，98（8）.

［29］DUFFY J F. Rethinking the Prospect Theory of Patents［J］. University of Chicago Law Review，2004，71（2）.

［30］GOLDEN J M. Innovation Dynamics，Patents，and Dynamic – Elasticity Tests for the Promotion of Progress［J］. Harvard Journal of Law & Technology，2010，24（1）.

［31］ALLISON J R，LEMLEY M A. Who's Patenting What – An Empirical Exploration of Patent Prosecution［J］. Vanderbilt Law Review，2000，53（6）.

［32］THOMAS J R. The Patenting of Liberal Professions［J］. B. C. L. Rev.，1999，40（5）.

［33］STRAUS J. Bargaining Around the TRIPS Agreement：The Case for Ongoing Public – private Initiative to Facilitate Worldwide Intellectual Property Transactions［J］. Duke Journal of Comparative & International Law，1998，9（1）.

［34］HUGHES J. The Philosophy of Intellectual Property［J］. Georgetown Law Journal，1988，77（2）.

［35］AOKI K. Authors，Inventors and Trademark Owners：Private Intellectual Property and the Public Domain – Part II［J］. Columbia – VLA Journal of Law & the Arts，1993，18（4）.

［36］LOWRY L R. Introduction：Alternative Dispute Resolution［J］. Faulkner L. Rev.，2010，2（2）.

［37］OULLETTE L L. Do Patents Disclose Useful Information?［J］. Harvard Journal of Law & Technology，2012，25（2）.

［38］VERTINSKY L，RICE T M. Rice. Thinking About Thinking Machines：Implications of Machine Inventors for Patent Law［J］. B. U. J. Sci. & Tech. L.，2002，8（2）.

[39]LEMLEY M A, MELAMED A D. Missing the Forest for the Trolls [J]. Columbia Law Review, 2013, 113 (8) .

[40]LEMLEY M A, SHAPIRO C. Patent Holdup and Royalty Stacking [J]. Texas Law Review, 2007, 85 (7) .

[41]LEMLEY M A, SHAPIRO C. Probabilistic Patents [J]. Journal of Economic Perspectives, 2005, 19 (2) .

[42]LEMLEY M A, MCKENNA M P. Owning Mark (et) s [J]. Michigan Law Review, 2010, 109 (2) .

[43] LEMLEY M A. A New Balance between IP and Antitrust [J]. Southwestern Journal of Law and Trade in the Americas, 2007, 13 (2) .

[44]LEMLEY M A. Are Universities Patent Trolls [J]. Fordham Intellectual Property, Media & Entertainment Law Journal, 2008, 18 (3) .

[45] LEMLEY M A. Ex Ante versus Ex Post Justifications for Intellectual Property [J]. University of Chicago Law Review, 2004, 71 (1) .

[46] LEMLEY M A. Faith – Based Intellectual Property [J]. UCLA Law Review, 2015, 62 (5) .

[47]LEMLEY M A. Reconceiving Patents in the Age of Venture Capital [J]. Journal of Small and Emerging Business Law, 2000, 4 (1) .

[48]LEMLEY M A. Ten Things to do about Patent Holdup of Standards (and One Not To) [J]. Boston College Law Review, 2007, 48 (1) .

[49] SCHERER M U. Regulating Artificial Intelligence Systems: Risks, Challenges, Competencies, and Strategies [J]. Harv. J. L. & Tech., 2016, 29 (2).

[50] HELLER M A. The Tragedy of the Anticommons: Property in the Transition from Marx to Markets [J]. Harvard Law Review, 1998, 111 (3) .

[51] ABRAMOWICZ M, DUFFY J F. Intellectual Property for Market Experimentation [J]. New York University Law Review, 2008, 83 (2) .

[52] ZHANG N. Intellectual Property Law Enforcement in China: Trade

Issues, Policies and Practices ［J］. Fordham Intellectual Property, Media & Entertainment Law Journal, 1997, 8（1）.

［53］LONG P O. Invention, Authorship, "Intellectual Property," and the Origin of Patents: Notes toward a Conceptual History ［J］. Technology and Culture, 1991, 32（4）.

［54］SAMUELSON P. Allocating Ownership Rights in Computer – Generated Works ［J］. University of Pittsburgh Law Review, 1986, 47（4）.

［55］HOWELL P A. Whose Invention is it Anyway – Employee Invention – Assignment Agreements and Their Limits ［J］. Washington Journal of Law, Technology & Arts, 2012, 8（2）.

［56］HUBER P. Safety and the Second Best: The Hazards of Public Risk Management in the Court ［J］. Columbia Law Review, 1985, 85（2）.

［57］YU P K. Virotech Patents, Viropiracy, and Viral Sovereignty ［J］. Arizona State Law Journal, 2013, 45（4）.

［58］WAGNER R P. Understanding Patent – Quality Mechanisms ［J］. University of Pennsylvania Law Review, 2009, 157（6）.

［59］BARNETT R E. A Consent Theory of Contract ［J］. Columbia Law Review, 1986, 86（2）.

［60］NIMMER R T. Breaking Barriers: The Relation between Contract and Intellectual Property Law ［J］. Berkeley Technology Law Journal, 1998, 13（3）.

［61］EISENBERG R S. Patents and the Progress of Science: Exclusive Rights and Experimental Use ［J］. U. Chi. L. Rev. , 1989, 56（3）.

［62］KAMPRATH R A. Patent Reversion: An Employee – Inventor's Second Bite at the Apple ［J］. Chicago – Kent Journal of Intellectual Property, 2012, 11（2）.

［63］MERGES R P. Individual Creators in the Cultural Commons ［J］. Cornell Law Review, 2010, 95（4）.

［64］MERGES R P. The Law and Economics of Employee Inventions ［J］.

Harvard Journal of Law and Technology, 1999, 13 (1).

[65] GRANBERG R S, CAVASSA S A. Private Ordering and Alternative Dispute Resolution [J]. J. Am. Acad. Matrimonial Law. , 2010, 23 (2).

[66] ABBOTT R. I Think, Therefore I Invent: Creative Computers and the Future of Patent Law [J]. Boston College Law Review, 2016, 57 (4).

[67] LAMPE R, MOSER P. Patent Pools and Innovation in Substitute technologies: Evidence from the 19 th – century Sewing Machine industry [J]. The RAND Journal of Economics, 2013, 44 (4).

[68] BOETTIGER S, BENNETT A. Bayh – Dole Act: Implications for Developing Countries [J]. IDEA, 2005, 46 (2).

[69] PALMER T G. Are Patents and Copyrights Morally Justified – the Philosophy of Property Rights and Ideal Objects [J]. Harvard Journal of Law & Public Policy, 1990, 13 (3).

[70] NICHOLAS T. The Role of Independent Invention in U. S. Technological Development, 1880 – 1930 [J]. The Journal of Economic History, 2010, 70 (1).

[71] SCHOENMAKERS W, DUYSTERS G. The technological origins of radical inventions [J]. Research Policy, 2010, 39 (1).

[72] HOVELL W P. Patent Ownership: An Employer's Rights to His Employee's Invention [J]. Notre Dame L. Rev. , 1983, 58 (4).

职务发明专利权属纠纷实证分析
选用典型案例类目

序号	名　称	案　号	审理法院
1	广东某公司、林某甲专利权权属纠纷民事二审民事判决书	（2023）最高法知民终 1049 号	最高人民法院
2	珠海某股份有限公司、珠海某科技有限公司等专利权权属纠纷民事二审民事判决书	（2023）最高法知民终 956 号	最高人民法院
3	浙江某控股集团有限公司、浙江某汽车研究院有限公司等专利权权属纠纷二审判决书	（2023）最高法知民终 388 号	最高人民法院
4	谢某某、苏州某机械科技有限公司专利权权属纠纷民事二审民事判决书	（2022）最高法知民终 2137 号	最高人民法院
5	某益生菌股份有限公司、方某甲与上海某甲生物科技有限公司、上海某乙生物技术有限公司专利权权属纠纷二审判决书	（2022）最高法知民终 2184 号	最高人民法院
6	某公司甲、某公司乙与某公司丙、原审第三人宾某、杨某甲、杨某乙、粟某、向某、敬某专利权权属纠纷民事二审民事判决书	（2022）最高法知民终 1931 号	最高人民法院

序号	名　称	案　号	审理法院
7	海默科技（集团）股份有限公司、西安铭度石化科技有限公司专利权权属纠纷民事二审民事判决书	（2022）最高法知民终 1606 号	最高人民法院
8	赛格威科技有限公司、浙江春风动力股份有限公司等专利权权属纠纷民事二审民事判决书	（2022）最高法知民终 1230 号	最高人民法院
9	浙江春风动力股份有限公司、赛格威科技有限公司等专利权权属纠纷民事二审民事判决书	（2022）最高法知民终 1229 号	最高人民法院
10	赛格威科技有限公司、浙江春风动力股份有限公司等专利申请权权属纠纷民事二审民事判决书	（2022）最高法知民终 903 号	最高人民法院
11	惠州瀚星光电科技有限公司、吴某某等专利申请权权属纠纷民事二审民事判决书	（2022）最高法知民终 1146 号	最高人民法院
12	李某某、苏州迈瑞微电子有限公司专利权权属纠纷民事二审民事判决书	（2022）最高法知民终 1004 号	最高人民法院
13	福建城家美环卫科技有限公司、华达（福建龙岩）环卫科技有限公司专利权权属纠纷民事二审民事判决书	（2022）最高法知民终 253 号	最高人民法院
14	苏州敏芯微电子技术股份有限公司、梅某某等专利权权属纠纷其他民事民事裁定书	（2021）最高法民申 3117 号	最高人民法院
15	深圳某科技有限公司、段某等专利权权属纠纷民事二审民事判决书	（2021）最高法知民终 2168 号	最高人民法院

续表

序号	名　　称	案　　号	审理法院
16	广州万孚生物技术股份有限公司、杨某等专利权权属纠纷民事二审民事判决书	（2021）最高法知民终 2146 号	最高人民法院
17	深圳市某甲电子有限公司、郑某时等专利权权属纠纷民事二审民事判决书	（2021）最高法知民终 2312 号	最高人民法院
18	上海巨鲲科技有限公司、黄某等专利申请权权属纠纷民事二审民事判决书	（2021）最高法知民终 1701 号	最高人民法院
19	东莞市乐翼乐器有限公司、林某强等专利权权属纠纷民事二审民事判决书	（2021）最高法知民终 1276 号	最高人民法院
20	珠海和品健康科技有限公司、谢某英等专利权权属纠纷民事二审民事判决书	（2021）最高法知民终 1102 号	最高人民法院
21	山东康宝生化科技有限公司、北京华宇同方化工科技开发有限公司专利权权属纠纷民事二审民事判决书	（2021）最高法知民终 993 号	最高人民法院
22	天邦膜技术国家工程研究中心有限责任公司、沈某林专利权权属纠纷民事二审民事判决书	（2021）最高法知民终 2284 号	最高人民法院
23	楚雄彝族自治州彝族医药研究所、杨某雷专利权权属纠纷民事二审民事判决书	（2021）最高法知民终 403 号	最高人民法院
24	宋某明、江西医为特科技有限公司等专利权权属纠纷民事二审民事判决书	（2021）最高法知民终 322 号	最高人民法院

续表

序号	名　称	案　号	审理法院
25	东莞市熠源电子科技有限公司、东莞龙升电子有限公司等专利权权属纠纷民事二审民事判决书	（2021）最高法知民终92号	最高人民法院
26	无锡乐尔科技有限公司、宁波希磁电子科技有限公司、王某国与江苏多维科技有限公司专利权权属纠纷二审民事判决书	（2021）最高法知民终55号	最高人民法院
27	北京安腾天汇通信技术有限公司、叶某裳等专利申请权权属纠纷民事二审民事判决书	（2021）最高法知民终5号	最高人民法院
28	龚某京、北京建工路桥集团有限公司等专利权权属纠纷民事二审民事判决书	（2020）最高法知民终1873号	最高人民法院
29	阎某宇、阎某吉专利权权属纠纷二审民事判决书	（2020）最高法知民终1886号	最高人民法院
30	郑州新材科技有限公司、宋某礼专利权权属纠纷民事二审民事判决书	（2020）最高法知民终1848号	最高人民法院
31	深圳磨石科技有限公司、莫某华等专利权权属纠纷民事二审民事判决书	（2020）最高法知民终1793号	最高人民法院
32	北京歌尔泰克科技有限公司、苏州敏芯微电子技术股份有限公司专利权权属纠纷二审民事判决书	（2020）最高法知民终1746号	最高人民法院
33	上诉人深圳信炜科技有限公司、莫某华、刘某春与被上诉人敦泰科技（深圳）有限公司专利权权属纠纷	（2020）最高法知民终1552号	最高人民法院

续表

序号	名　称	案　号	审理法院
34	无锡乐尔科技有限公司、王某国、江苏多维科技有限公司专利权权属纠纷二审民事判决书	（2020）最高法知民终 1359 号	最高人民法院
35	无锡乐尔科技有限公司、白某民、江苏多维科技有限公司专利权权属纠纷二审民事判决书	（2020）最高法知民终 1258 号	最高人民法院
36	青岛欧普机械设备有限公司、青岛新型建设机械有限公司专利权权属纠纷二审民事判决书	（2020）最高法知民终 1062 号	最高人民法院
37	马鞍山市卡迈特液压机械制造有限公司、赵某朝专利权权属纠纷二审民事判决书	（2020）最高法知民终 700 号	最高人民法院
38	山东凯盛新材料股份有限公司、重庆澳瑞玛高性能聚合物有限公司专利权权属纠纷二审民事判决书	（2020）最高法知民终 532 号	最高人民法院
39	常州诚磊精密机械有限公司、常州市远程电子自控设备有限公司专利权权属纠纷二审民事判决书	（2020）最高法知民终 422 号	最高人民法院
40	深圳市艾阿尔电气有限公司、艾默生电气（珠海）有限公司等专利权权属纠纷民事二审民事判决书	（2020）最高法知民终 296 号	最高人民法院
41	广州市乐佰得喷涂设备有限公司、广州涂涂乐科技有限公司、叶某专利权权属纠纷二审民事判决书	（2020）最高法知民终 105 号	最高人民法院
42	周某香、北京驰通科技有限公司专利权权属纠纷二审民事判决书	（2020）最高法知民终 55 号	最高人民法院

序号	名　　称	案　　号	审理法院
43	上诉人天津特米斯科技有限公司与被上诉人天津因科新创科技有限公司专利申请权权属纠纷一案民事判决书	（2020）最高法知民终41号	最高人民法院
44	广州万孚生物技术股份有限公司、赖某强专利申请权权属纠纷二审民事判决书	（2019）最高法知民终800号	最高人民法院
45	上海将作文化创意有限公司等与上海火柴盒玩具有限公司专利权权属纠纷二审民事判决书	（2022）沪民终734号	上海市高级人民法院
46	浙江日科自动化设备有限公司、浙江双盈自动化设备有限公司等专利权权属纠纷二审民事判决书	（2022）浙民终403号	浙江省高级人民法院
47	福建某某环卫科技有限公司与某某环卫科技有限公司专利权权属纠纷二审民事判决书	（2022）闽民终510号	福建省高级人民法院
48	北京泷涛环境科技有限公司与清华大学等专利权权属纠纷二审民事判决书	（2020）京民终617号	北京市高级人民法院
49	黄某兴、深圳市创显光电有限公司专利权权属纠纷二审民事判决书	（2020）粤民终160号	广东省高级人民法院
50	杨某奇、江门佳利华实业有限公司专利权权属纠纷二审民事判决书	（2019）粤知民终462号	广东省高级人民法院
51	一亮通科技实业有限公司、深圳市群英光电制品有限公司专利权权属纠纷二审民事判决书	（2019）粤知民终420号	广东省高级人民法院

续表

序号	名　　称	案　　号	审理法院
52	马鞍山市卡迈特液压机械制造有限公司与赵某朝专利权权属纠纷一审民事判决书	（2019）皖01民初1590号	安徽省合肥市中级人民法院
53	安徽艾克森机械设备有限公司、梁某隆专利权权属纠纷二审民事判决书	（2019）皖民终632号	安徽省高级人民法院
54	西安森兰科贸有限责任公司与文某专利权权属纠纷一审民事判决书	（2019）陕01民初120号	陕西省西安市中级人民法院
55	聂某忠、林某英专利权权属纠纷二审民事判决书	（2019）闽民终649号	福建省高级人民法院
56	无锡洋湃科技有限公司与海默科技（集团）股份有限公司专利权权属纠纷二审民事判决书	（2019）苏民终234号	江苏省高级人民法院
57	上海华之邦科技股份有限公司与上海诺特飞博燃烧设备有限公司专利申请权权属纠纷二审民事判决书	（2018）沪民终516号	上海市高级人民法院
58	无锡安铂专用设备有限公司与无锡蓝吉航空厨房设备有限公司专利权权属纠纷二审民事判决书	（2018）苏民终1488号	江苏省高级人民法院
59	苏州能健电气有限公司、孙某国与苏州格远电气有限公司、肖某恩等专利权权属纠纷二审民事判决书	（2018）苏民终1373号	江苏省高级人民法院
60	上海探见智能家居有限公司、白某等专利权权属纠纷一审民事判决书	（2021）浙02知民初238、239号	浙江省宁波市中级人民法院

序号	名　称	案　号	审理法院
61	苏州信亨自动化科技有限公司、苏州文武智能装备有限公司等专利权权属纠纷民事一审民事判决书	（2021）苏05民初492号	江苏省苏州市中级人民法院
62	陕西百豪科技发展有限责任公司、西安东新石油设备厂有限公司侵害发明专利权纠纷民事一审民事判决书	（2021）陕01知民初645号	陕西省西安市中级人民法院
63	某某实业有限公司与刘某银专利申请权权属纠纷一审民事判决书	（2021）闽02民初1048号	福建省厦门市中级人民法院
64	福建城家美环卫科技有限公司、华达（福建龙岩）环卫科技有限公司专利权权属纠纷民事一审民事判决书	（2021）闽02民初958号	福建省厦门市中级人民法院
65	沈阳工业大学通益科技有限公司、沈阳方舟石油科技发展有限公司等专利权权属纠纷民事一审民事判决书	（2021）辽01民初2489号	辽宁省沈阳市中级人民法院
66	李俊荣与深圳市鑫宇澳科技有限公司、夏某锋专利权权属纠纷一审民事判决书	（2019）粤03民初79号	广东省深圳市中级人民法院
67	无锡市南亚科技有限公司与李某路、无锡喆创有限公司等专利权权属纠纷一审民事判决书	（2019）苏05知初582号	江苏省苏州市中级人民法院
68	深圳市安智捷科技有限公司、四川大学、谌某清专利申请权权属纠纷一审民事判决书	（2019）川01民初7078号	四川省成都市中级人民法院

序号	名　称	案　号	审理法院
69	洛阳瑞昌环境工程有限公司与洛阳明远石化技术有限公司、山东宜特装备制造有限公司专利权权属纠纷一审民事判决书	（2019）豫01民初127号	河南省郑州市中级人民法院
70	大连东鼎工业设备有限公司与维翰（大连）工业设备有限公司专利权权属纠纷一审民事判决书	（2019）辽02民初字第284号	辽宁省大连市中级人民法院
71	周某攀、徐某等与解放军联勤保障部队第九二〇医院专利权权属纠纷一审民事判决书	（2019）云01民初83号	云南省昆明市中级人民法院
72	浙江可思克高新材料股份有限公司、尹某猛专利权权属纠纷一审民事判决书	（2018）浙01民初3167号	浙江省杭州市中级人民法院
73	长缆电工科技股份有限公司与湖南航天三丰科工有限公司专利申请权权属纠纷一审民事判决书	（2018）湘01民初5493号	湖南省长沙市中级人民法院
74	深圳市宇阳科技发展有限公司、广东微容电子科技有限公司专利权权属纠纷民事一审民事判决书	（2020）粤73知民初2255号	广州知识产权法院
75	广州快速公交运营管理有限公司、张某光专利权权属纠纷民事一审民事判决书	（2020）粤73知民初120号	广州知识产权法院
76	东莞市东和汽车零部件有限公司、沃威克音乐有限公司等专利权权属纠纷民事一审民事判决书	（2019）粤73民初2367号	广州知识产权法院
77	广东永爱医养产业有限公司、珠海和品健康科技有限公司等专利权权属纠纷民事一审民事判决书	（2019）粤73知民初1361号	广州知识产权法院

续表

序号	名　　称	案　　号	审理法院
78	恩及（上海）国际贸易有限公司等与陈某升等专利权权属纠纷一审民事判决书	（2020）京73民初845号	北京知识产权法院
79	北京威浦实信科技有限公司与周某香等专利权权属纠纷一审民事判决书	（2017）京73民初275号	北京知识产权法院
80	龚某京与邵某有等专利权权属纠纷一审民事判决书	（2017）京73民初1844号	北京知识产权法院
81	北京建工路桥工程建设有限责任公司与龚某京一审民事判决书	（2016）京73民初518号	北京知识产权法院
82	犸慕自动化科技（上海）有限公司与蓝固智能科技（上海）有限责任公司等专利权权属纠纷一审民事判决书	（2021）沪73知民初1184号	上海知识产权法院
83	厦门科思泰建筑科技有限公司与上海巨鲲科技有限公司等专利申请权权属纠纷一审民事判决书	（2020）沪73知民初720号	上海知识产权法院
84	上海安清医疗器械有限公司与周震华、申某琪专利申请权权属纠纷一审民事判决书	（2019）沪73知民初229号	上海知识产权法院
85	上海伊莱茨真空技术有限公司与荣某等专利权权属纠纷民事一审案件民事判决书	（2019）沪73民初90号	上海知识产权法院
86	上海美创力罗特维尔电子机械科技有限公司、上海雨丰电子技术有限公司与杜某卯专利权权属纠纷一审民事判决书	（2018）沪73民初833号	上海知识产权法院

职务发明专利奖酬纠纷实证分析选用典型案例类目

序号	名　　称	案　　号	审理法院
1	李某、杭州某智能科技股份有限公司职务技术成果完成人奖励、报酬纠纷民事二审民事判决书	（2023）最高法知民终 1165 号	最高人民法院
2	黄某甲、某化学股份有限公司职务发明创造发明人、设计人奖励、报酬纠纷民事二审民事判决书	（2022）最高法知民终 1870 号	最高人民法院
3	文某、成都新力紧科技有限公司等职务发明创造发明人、设计人奖励、报酬纠纷民事二审民事判决书	（2022）最高法知民终 238 号	最高人民法院
4	上海伊莱茨真空技术有限公司、荣某职务技术成果完成人奖励、报酬纠纷民事管辖上诉管辖裁定书	（2022）最高法知民辖终 3 号	最高人民法院
5	张某良、天津狗不理食品股份有限公司等职务发明创造发明人、设计人奖励、报酬纠纷民事二审民事判决书	（2021）最高法知民终 1172 号	最高人民法院
6	路某鸣、安徽八一化工股份有限公司等职务技术成果完成人奖励、报酬纠纷民事二审民事判决书	（2021）最高法知民终 251 号	最高人民法院

序号	名　称	案　号	审理法院
7	姜某平、鞍钢建设集团有限公司技术成果完成人署名权、荣誉权、奖励权纠纷民事二审民事判决书	（2020）最高法知民终 1334 号	最高人民法院
8	王某、咸阳宝石钢管钢绳有限公司职务发明创造发明人、设计人奖励、报酬纠纷二审民事判决书	（2020）最高法知民终 1021 号	最高人民法院
9	吴某、四川瑞能硅材料有限公司职务发明创造发明人、设计人奖励、报酬纠纷再审审查与审判监督民事裁定书	（2020）最高法民申 421 号	最高人民法院
10	东莞怡信磁碟有限公司、曾某福职务发明创造发明人、设计人奖励、报酬纠纷二审民事判决书	（2019）最高法知民终 230 号	最高人民法院
11	吴某桂、广东粤铁天福科技有限公司职务发明创造发明人、设计人奖励、报酬纠纷二审民事判决书	（2019）最高法知民终 559 号	最高人民法院
12	徐某、北京市神经外科研究所技术转化合同纠纷二审民事判决书	（2019）最高法知民终 279 号	最高人民法院
13	深圳市海洋王照明工程有限公司、王某职务发明创造发明人、设计人奖励、报酬纠纷再审审查与审判监督民事裁定书	（2019）最高法民申 2920 号	最高人民法院
14	陈某东与可口可乐饮料（上海）有限公司职务发明创造发明人、设计人奖励、报酬纠纷二审民事判决书	（2020）沪民终 568 号	上海市高级人民法院
15	长园科技集团股份有限公司、赵某刚职务技术成果完成人奖励、报酬纠纷民事二审民事判决书	（2020）粤民终 2984 号	广东省高级人民法院
16	广西永明软木有限公司、陈某隆技术服务合同纠纷二审民事判决书	（2020）桂民终 1229 号	广西壮族自治区高级人民法院

续表

序号	名　　称	案　　号	审理法院
17	可口可乐饮料（上海）有限公司、陈某东职务发明创造发明人、设计人奖励、报酬纠纷二审民事判决书	（2019）沪民终497号	上海市高级人民法院
18	李某凡因与被上诉人广东汇禧五金实业有限公司职务发明创造发明人、设计人奖励、报酬纠纷二审民事判决书	（2019）粤知民终416号	广东省高级人民法院
19	史某稳与北京吉天仪器有限公司职务发明创造发明人、设计人奖励、报酬纠纷二审民事判决书	（2019）京民终352号	北京市高级人民法院
20	吴某、四川瑞能硅材料有限公司职务发明创造发明人、设计人奖励、报酬纠纷二审知识产权判决书	（2019）川知民终182号	四川省高级人民法院
21	福建天际汽车制造有限公司、成某英职务发明创造发明人、设计人奖励、报酬纠纷二审民事判决书	（2019）闽民终867号	福建省高级人民法院
22	青岛歌尔声学科技有限公司、钱某职务发明创造发明人、设计人奖励、报酬纠纷二审民事判决书	（2019）鲁民终1590号	山东省高级人民法院
23	陕西重型汽车有限公司与张某虎职务发明创造发明人、设计人奖励、报酬纠纷二审民事判决书	（2019）陕民终426号	陕西省高级人民法院
24	王某武、铁岭黄海专用车制造有限公司技术成果完成人署名权、荣誉权、奖励权纠纷再审民事判决书	（2019）辽民再3号	辽宁省高级人民法院
25	黄某玮、利尔化学股份有限公司（原四川绵阳利尔化工有限公司）发明权纠纷再审民事判决书	（2018）川民再615号	四川省高级人民法院

序号	名　　称	案　　号	审理法院
26	陆某军、宁波市顺泰电器有限公司等职务发明创造发明人、设计人奖励、报酬纠纷一审民事判决书	（2021）浙 02 知民初 425 号	浙江省宁波市中级人民法院
27	乔某华与山东隆泰石油装备有限公司职务发明创造发明人、设计人奖励、报酬纠纷一审民事判决书	（2020）鲁 02 知民初 137 号	山东省青岛市中级人民法院
28	周某与杰锋汽车动力系统股份有限公司职务发明创造发明人、设计人奖励、报酬纠纷一审民事判决书	（2020）皖 01 民初 1453 号	安徽省合肥市中级人民法院
29	孙某、安徽淮化股份有限公司专利权权属纠纷一审民事判决书	（2020）皖 01 民初 230 号	安徽省合肥市中级人民法院
30	孙某与国电科技环保集团股份有限公司、国电光伏有限公司职务发明创造发明人、设计人奖励、报酬纠纷一审民事判决书	（2019）苏 05 知初 1041 号	江苏省苏州市中级人民法院
31	游某想、余某勇等职务技术成果完成人奖励、报酬纠纷民事一审民事判决书	（2020）鲁 01 民初 2604 号	山东省济南市中级人民法院
32	王某与咸阳宝石钢管钢绳有限公司、宝鸡石油机械有限责任公司职务发明创造发明人、设计人奖励、报酬纠纷一审民事判决书	（2019）陕 01 知民初 1170 号	陕西省西安市中级人民法院
33	王某与金海智造股份有限公司职务发明创造发明人、设计人奖励、报酬纠纷一审民事判决书	（2019）浙 02 民初 290 号	浙江省宁波市中级人民法院
34	孟某贤与天津城建大学职务发明创造发明人、设计人奖励、报酬纠纷一审民事判决书	（2019）津 01 民初 84 号	天津市第一中级人民法院

续表

序号	名　　称	案　号	审理法院
35	张某民与北京仁创科技集团有限公司职务发明创造发明人、设计人奖励、报酬纠纷一审民事判决书	（2019）京73民初1227号	北京知识产权法院
36	乔某平与博天环境集团股份有限公司职务发明创造发明人、设计人奖励、报酬纠纷一审民事判决书	（2018）京73民初826号	北京知识产权法院
37	张某巍与北京影合众新媒体技术服务有限公司职务发明创造发明人、设计人奖励、报酬纠纷一审民事判决书	（2018）京73民初1064号	北京知识产权法院
38	陈某东与可口可乐饮料（上海）有限公司职务发明创造发明人、设计人奖励、报酬纠纷一审民事判决书	（2018）沪73民初499号	上海知识产权法院
39	陈某与朔黄铁路发展有限责任公司职务发明创造发明人、设计人奖励、报酬纠纷一审民事判决书	（2019）京73民初1409号	北京知识产权法院

后　记

　　长久以来，职务发明作为技术研发与科技创新的一种重要模式，一直是各国专利制度中所规制的关键内容。如何在单位与发明人、设计人之间进行合理的专利权益分享则是职务发明制度设计与运行的核心所在，也是理论界和实务界持续争议的一大难题。正是基于这个原因，我决定以《职务发明专利权益分享论》为题写作本书，力求理顺职务发明专利权益分享的规范机理与运行机制，为职务发明制度实施贡献自己的一点思路。

　　我最初开始关注职务发明专利权益分享问题是在 2015 年我国《专利法》第四次修改进入攻坚阶段之时，并在后续以《专利法修订草案（送审稿）》为基础展开了一系列的研究。从 2015 年 7 月在《电子知识产权》发表硕士阶段第一篇专业期刊论文《论劳务派遣中职务发明的权利归属和利益分配：专利法和劳动法双重视角的探析》，到 2018 年 2 月在《法学杂志》发表博士阶段第一篇法学 CSSCI 刊物论文《职务发明权利归属的立法变革与制度安排——兼评〈专利法修订草案（送审稿）〉第 6 条》，对于职务发明专利权益分享问题的研究几乎贯穿我的整个研究生生涯。如今，回望过往，细细数来已在《知识产权》《科学管理研究》《科技与法律》等学术期刊就这一问题发表论文 14 篇，大致形成对于职务发明专利权益分享问题的研究架构。本书即是对既有研究成果的一次全面梳理，虽因篇章限制不能尽情施展，但也着实是一次难得的阶段性小结，使自己长期以来关于职务发明专利权益分享的一些观点与看法能够予以系统化呈现。当然，也必须要承认的是，书中还存在诸多不足、偏颇与缺漏之处，还请读者海涵。

　　本书有幸入选"文泓知识产权文库"，并在中南财经政法大学知识产权研究中心出版基金的资助下顺利出版。在此，首先要特别感谢恩师吴汉东教授，从 2014 年来到中南财经政法大学求学到 2020 年博士毕业留校任教，恩师的谆谆教诲使我不断成长，也在恩师的鼓励与指导下开启了对于职务发明专利权益分享问题探究，并在后续的研学中持续深化。同时，还要感谢中南财经政法大学知识产权研究中心曹新明教授、黄玉烨教授、彭学龙教授、胡开忠教授、詹映教授、何华教授、肖志远副教授等各位师长一如既往的提携与帮助；感谢知识产权出版社刘睿编审、邓莹副编审、刘江副编审为本书如期付梓所进行的辛勤工作；感谢我的研究生程童、张俊豪、姚子怡在实证资料收集与整理上所付出的艰辛劳动以及陈妍宇、杜铭佳、陈佳琳、潘宇翔、翁子童、郭瑜旺在文稿校对中的高效协助；感谢我的妻子付丽霞博士一直以来的理解与支持；感谢"想想"小朋友，让我体会到了初为人父的喜悦与压力，也让我的生活日益丰富多彩。还有太多太多感谢的话语，在此难以一一言表。

刘　鑫

二〇二四年初秋

于武汉沁园寓所